全国普法学习读本

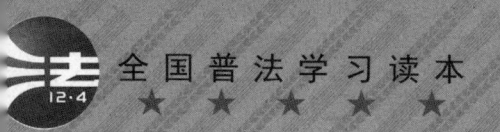

农村经济法律法规读本

生肉乳品法律法规学习读本

生鲜乳品法律法规

李 勇 主编

汕头大学出版社

图书在版编目（CIP）数据

生鲜乳品法律法规/李勇主编. -- 汕头：汕头大学出版社（2021.7重印）

（生肉乳品法律法规学习读本）

ISBN 978-7-5658-3200-0

Ⅰ.①生… Ⅱ.①李… Ⅲ.①鲜乳-质量管理-食品卫生法-中国-学习参考资料 Ⅳ.①D922.164

中国版本图书馆 CIP 数据核字（2017）第 255312 号

生鲜乳品法律法规　SHENGXIAN RUPIN FALÜ FAGUI

主　　编：李　勇
责任编辑：邹　峰
责任技编：黄东生
封面设计：大华文苑
出版发行：汕头大学出版社
　　　　　广东省汕头市大学路 243 号汕头大学校园内　邮政编码：515063
电　　话：0754-82904613
印　　刷：三河市南阳印刷有限公司
开　　本：690mm×960mm 1/16
印　　张：18
字　　数：226 千字
版　　次：2017 年 10 月第 1 版
印　　次：2021 年 7 月第 2 次印刷
定　　价：59.60 元（全 2 册）

ISBN 978-7-5658-3200-0

版权所有，翻版必究

如发现印装质量问题，请与承印厂联系退换

前　言

习近平总书记指出："推进全民守法，必须着力增强全民法治观念。要坚持把全民普法和守法作为依法治国的长期基础性工作，采取有力措施加强法制宣传教育。要坚持法治教育从娃娃抓起，把法治教育纳入国民教育体系和精神文明创建内容，由易到难、循序渐进不断增强青少年的规则意识。要健全公民和组织守法信用记录，完善守法诚信褒奖机制和违法失信行为惩戒机制，形成守法光荣、违法可耻的社会氛围，使遵法守法成为全体人民共同追求和自觉行动。"

中共中央、国务院曾经转发了中央宣传部、司法部关于在公民中开展法治宣传教育的规划，并发出通知，要求各地区各部门结合实际认真贯彻执行。通知指出，全民普法和守法是依法治国的长期基础性工作。深入开展法治宣传教育，是全面建成小康社会和新农村的重要保障。

普法规划指出：各地区各部门要根据实际需要，从不同群体的特点出发，因地制宜开展有特色的法治宣传教育坚持集中法治宣传教育与经常性法治宣传教育相结合，深化法律进机关、进乡村、进社区、进学校、进企业、进单位的"法律六进"主题活动，完善工作标准，建立长效机制。

特别是农业、农村和农民问题，始终是关系党和人民事业发展的全局性和根本性问题。党中央、国务院发布的《关于推进社会主义新农村建设的若干意见》中明确提出要"加强农村法制建设，深入开展农村普法教育，增强农民的法制观念，提高农民依法行使权利和履行义务的自觉性。"多年普法实践证明，普及法律知识，提高法制观念，增强全社会依法办事意识具有重要作用。特别是在广大农村进行普法教育，是提高全民法律素质的需要。

多年来，我国在农村实行的改革开放取得了极大成功，农村发生了翻天覆地的变化，广大农民生活水平大大得到了提高。但是，由于历史和社会等原因，现阶段我国一些地区农民文化素质还不高，不学法、不懂法、不守法现象虽然较原来有所改变，但仍有相当一部分群众的法制观念仍很淡化，不懂、不愿借助法律来保护自身权益，这就极易受到不法的侵害，或极易进行违法犯罪活动，严重阻碍了全面建成小康社会和新农村步伐。

为此，根据党和政府的指示精神以及普法规划，特别是根据广大农村农民的现状，在有关部门和专家的指导下，特别编辑了这套《全国普法学习读本》。主要包括了广大人民群众应知应懂、实际实用的法律法规。为了辅导学习，附录还收入了相应法律法规的条例准则、实施细则、解读解答、案例分析等；同时为了突出法律法规的实际实用特点，兼顾地方性和特殊性，附录还收入了部分某些地方性法律法规以及非法律法规的政策文件、管理制度、应用表格等内容，拓展了本书的知识范围，使法律法规更"接地气"，便于读者学习掌握和实际应用。

在众多法律法规中，我们通过甄别，淘汰了废止的，精选了最新的、权威的和全面的。但有部分法律法规有些条款不适应当下情况了，却没有颁布新的，我们又不能擅自改动，只得保留原有条款，但附录却有相应的补充修改意见或通知等。众多法律法规根据不同内容和受众特点，经过归类组合，优化配套。整套普法读本非常全面系统，具有很强的学习性、实用性和指导性，非常适合用于广大农村和城乡普法学习教育与实践指导。总之，是全国全民普法的良好读本。

目 录

乳制品工业产业政策

前　言 ·· (2)

第一章　政策目标 ·· (3)

第二章　产业布局 ·· (4)

第三章　行业准入 ·· (6)

第四章　奶源供应 ·· (8)

第五章　技术与装备 ··· (9)

第六章　投资融资 ··· (11)

第七章　产品结构 ··· (12)

第八章　质量安全 ··· (12)

第九章　组织结构 ··· (13)

第十章　资源节约与环境保护 ·· (13)

第十一章　乳制品消费 ··· (14)

第十二章　其　它 ··· (15)

附　录

　　生鲜乳收购站标准化管理技术规范 ····································· (18)

　　乳制品生产企业危害分析与关键控制点（HACCP）

　　　体系认证实施规则（试行）·· (25)

　　湖南省常德市乳及乳制品管理办法 ····································· (41)

乳品质量安全监督管理条例

第一章　总　则 ……………………………………（45）
第二章　奶畜养殖 …………………………………（48）
第三章　生鲜乳收购 ………………………………（50）
第四章　乳制品生产 ………………………………（53）
第五章　乳制品销售 ………………………………（56）
第六章　监督检查 …………………………………（58）
第七章　法律责任 …………………………………（60）
第八章　附　则 ……………………………………（63）
附　录
　　生鲜乳生产收购管理办法 ……………………（64）
　　生鲜乳生产收购记录和进货查验制度 ………（73）
　　生鲜乳生产技术规程（试行）…………………（77）
　　生鲜乳购销合同（示范文本）…………………（101）
　　奶畜养殖和生鲜乳收购运输环节违法行为依法
　　　从重处罚的规定 ……………………………（106）
　　进出口乳品检验检疫监督管理办法 …………（109）
　　大同市牛奶生产经营管理办法 ………………（125）
　　南京市生鲜牛奶管理办法 ……………………（131）

乳制品工业产业政策

中华人民共和国工业和信息化部
中华人民共和国国家发展和改革委员会
公告
工联产业〔2009〕第48号

　　为规范乳制品行业发展，加强行业管理，保障乳制品质量安全，根据《乳品质量安全监督管理条例》、《中华人民共和国食品安全法》及相关法律法规规定，结合乳制品工业发展的实际情况，我们会同有关部门对原《乳制品工业产业政策》、《乳制品加工行业准入条件》进行了整合修订，现将《乳制品工业产业政策（2009年修订）》予以发布。

中华人民共和国工业和信息化部
中华人民共和国国家发展和改革委员会
二〇〇九年六月二十六日

前　言

　　牛乳被誉为营养价值最接近于完善的食物，人均乳制品消费量是衡量一个国家人民生活水平的主要指标之一。世界上许多国家都对增加乳制品消费给予高度重视，加以引导和鼓励。在我国，乳制品逐渐成为人民生活必需食品。改革开放特别是近几年以来，我国奶牛养殖业和乳制品工业发展迅速，奶牛存栏、奶类产量、乳制品产量成倍增长，乳制品消费稳步提高，成为仅次于印度、美国的世界第三大牛奶生产国。

　　乳制品工业是我国改革开放以来增长最快的重要产业之一，也是推动第一、二、三产业协调发展的重要战略产业。发展乳制品工业，对于改善城乡居民膳食结构、提高国民身体素质、丰富城乡市场、提高人民生活水平，以及优化农村产业结构、增加农民收入、促进社会主义新农村建设具有很大推动作用；对于带动畜牧业和食品机械、包装、现代物流等相关产业发展也具有重要意义。

　　目前，我国乳制品工业正处在由数量扩张型向质量效益型转变的关键时期，在迅猛发展的同时也出现了较多问题，如产业布局不合理，重复建设严重，加工能力过剩；养殖水平低，企业与奶农关系不协调，原料乳供应不稳定；有效需求不足，消费结构失衡，市场竞争失序；质量保证体系不健全等。

　　为了贯彻《国务院关于促进奶业持续健康发展的意见》，全面构建竞争有序、发展协调、增长持续、循环节约的现代乳制品工业，保障我国食物安全，强壮民族体质，带动农民增收，提升我国乳制品工业在国际的地位和竞争能力。根据完善社会主义市场经济体制改革的要求，结合相关法律法规，特制定本产业政策。

第一章 政策目标

第一条 通过政策的制定，建立确保行业有序发展的乳制品工业新机制，建设具有中国特色的现代乳制品工业。

第二条 发展奶类生产，提高乳制品产量。到2012年，全国人均奶类占有量达到42千克。到2010年，乳制品产量达到2350万吨，其中：干乳制品产量达到300万吨；液体乳制品产量达到2050万吨。到2012年，乳制品产量达到2800万吨，其中干乳制品产量达到350万吨，液体乳产量达到2450万吨。

第三条 控制加工规模，有序发展。严格控制乳制品加工项目的盲目投资和重复建设，避免生产能力严重过剩和设备大量闲置，避免恶性竞争和资源浪费，加工产能控制在合理规模范围之内，与奶源供应、市场需求相适应。到2012年，乳制品加工能力利用率在75%以上。

第四条 整合加工资源，提升产业水平。积极引导企业通过兼并、重组，形成以市场为导向的合理经营规模，培育一批年销售收入超过20亿元的骨干企业。丰富产品品种，适应市场需求，提高产品质量，保证乳品安全。

第五条 合理布局，协调发展。优化全国奶业布局，坚持扶优汰劣的原则，继续发挥华北、东北、西北以及大中城市的资源优势，提高资源利用效率，合理配置原料和加工产能，促进奶源基地与加工企业协调发展；适度鼓励具有地方特色的奶源基地建设及乳制品开发，逐步扩大加工能力，提高乳制品自给率，大力发展清洁生产和循环经济技术，提高企业环境绩效。

第六条 有效利用外资，大力发展乳制品工业。继续坚持利用国外的先进技术和管理经验，促进自主创新、结构调整、提升质量，提高竞争力。鼓励采用先进技术和现代管理理念，积极推进技术装备的自主化进程。

第七条 规范投融资行为和市场秩序，建立公平的竞争环境。

第二章 产业布局

第八条 乳制品工业布局应充分发挥奶业传统优势地区的资源，调整优化东北、华北、西北重点产区的布局，加快淘汰布局不合理、规模小、技术落后的产能；南方地区根据当地实际条件，逐步扩大乳制品工业规模；大城市郊区奶业要加快乳制品工业的现代化步伐。形成特色鲜明、布局合理、协调发展的乳制品工业新格局。

第九条 东北乳制品工业区，包括：黑龙江、吉林、辽宁和内蒙古四省区，农区、农牧结合的乳业发展区，属我国乳制品工业的主要基地。重点发展乳粉、干酪、奶油、超高温灭菌乳等，根据市场需要适当发展巴氏杀菌乳、酸乳等产品。严格控制建设同质化、低档次的加工项目，鼓励建设有国际竞争力的大型项目。对于规模小，技术落后，资源消耗高的企业加快关、停、并、转。

第十条　华北乳制品工业区，包括河北、山西、河南、山东四省，主要是都市与基地结合型乳业产区。重点发展乳粉、干酪、超高温灭菌乳、巴氏杀菌乳、酸乳等。合理控制加工项目建设，淘汰部分产能低、能耗大的乳品设备和规模小、技术落后的企业。

第十一条　西北乳制品工业区，包括新疆、甘肃、青海、陕西、宁夏、西藏6个省（区），是农区、半农半牧区奶业发展区。根据市场需求主要发展便于贮藏和长途运输的乳粉、干酪、奶油、干酪素等乳制品，适度发展超高温灭菌乳、酸乳、巴氏杀菌乳等产品，合理控制加工项目建设，鼓励发展具有地方特色的新型乳制品。

第十二条　南方乳制品工业区，包括湖北、湖南、江苏、浙江、福建、安徽、江西、广东、广西、海南、云南、贵州、四川等13个省区，奶牛饲养数量少，奶类产量低，乳制品加工业基础薄弱。主要产品以巴氏杀菌乳、干酪、酸乳为主，适当发展炼乳、超高温灭菌乳、乳粉等乳制品，根据奶源发展的情况和分布，合理布局乳制品加工企业。鼓励开发水牛奶加工项目，开发具有地方特色的乳制品。

第十三条　大城市郊区乳制品工业区，主要包括北京、上海、天津和重庆等，奶牛养殖现代化水平高、是引领我国乳制品消费潮流的主要区域。乳制品加工企业属于都市型乳业，支持乳品加工科技的研究与产业升级，鼓励新型乳制品的开发，产品结构应以巴氏杀菌乳、酸乳等低温产品为主，适当发展干酪、奶油、功能性乳制品。该区域要率先实现乳业现代化，保障城市市场供给，促进城乡经济和谐发展。原则上不再布局新的加工项目。

第三章 行业准入

第十四条 规范乳制品行业投资行为，防止盲目投资和重复建设，引导生产企业合理布局，有效利用资源，保护环境，促进乳制品加工与原料乳生产协调发展，实行严格的行业准入制度。环保和能源消耗达到国家相关标准。

进入乳制品行业的企业须达到《乳制品加工行业准入条件》规定的要求，对与《乳制品加工行业准入条件》不一致或新增加的规定，以《乳制品工业产业政策》为准。

第十五条 项目建设实行核准制，按照《政府核准的投资项目目录》执行。

第十六条 进入乳制品工业的出资人必须具有稳定的奶源基地，经济实力和抗风险能力强，管理经验丰富，信誉好，社会责任感强。应当符合以下条件：现有净资产不得低于拟建乳制品项目所需资本金的2倍，总资产不得低于拟建项目所需总投资的3倍，资产负债率不得高于70%，连续3年盈利；省级或省级以上金融机构评定的贷款信用等级须达到AA级以上；具有良好的社会形象，遵纪守法。

第十七条 乳制品工业发展要实现规模经济，突出起始规模。北方、大城市郊区乳制品工业区新建和扩建乳粉项目日处理原料乳能力（两班）须达到300吨及以上；新建液态乳项目日处理原料乳能力（两班）须达到500吨及以上，扩建液态乳项目日处理原料乳能力（两班）须达到300吨及以上；南方乳制品工业区新建液态乳项目日处理原料乳能力（两班）须达到200吨及以上，扩建液态乳项目日处理原料乳能力（两班）须达到 100 吨及以上。鼓励企业通过资产重组、兼并等方式，合理扩大生产规模。

第十八条 以生鲜乳为原料的乳制品加工项目必须具有与之相匹配的奶源基地和机械化挤奶站。新建乳制品加工项目已有原料乳数量（自建牧场或投资参股小区）不低于加工规模的 30%，扩建项目已有原料乳数量（自建牧场或投资参股小区）不低于原有加工能力的 75%。液体乳生产企业所用原料乳全部使用奶源基地的生鲜牛（羊）乳，配方粉生产企业所用原料 50% 以上为奶源基地所生产的生鲜牛（羊）乳。

第十九条 新建乳制品加工项目须严格执行国家及行业相关标准，并与周围已有乳制品加工企业距离北方地区在 100 公里以上，南方地区在 60 公里以上。

第二十条 增强全行业节约意识，鼓励企业采用先进节能、节水技术，大力开发和推广应用节水新技术、新工艺、新设备，改造、淘汰能耗高的技术与装备，提高资源综合利用效率。企业能源消耗及水消耗应低于以下指标：

产品类别	标煤/吨	电/度	水/吨
巴氏杀菌乳	0.10	60	5.5
灭菌乳	0.10	110	5.5
酸牛乳	0.20	90	10.0
乳粉	1.50	450	35.0
炼乳	0.60	200	10.0

第二十一条 乳制品加工企业生产须具有与所生产产品相适应的技术文件和工艺文件；执行质量保证体系工艺文件规定；所采用工艺先进、适用，能够保证生产的产品达到或超过国家标准。

第二十二条 企业必须具备国家安全生产法律、法规和部门规章及标准规定的安全生产条件，并建立、健全安全生产责任制。项目安全设施、环保设施必须与主体工程同时建设、施工和投入使用。企业必须配备劳动保护和工业卫生设施。

第二十三条 各级投资主管部门会同相关部门负责对所属乳制品生产企业执行本政策的情况进行监督检查。

第四章 奶源供应

第二十四条 优化现有奶牛养殖模式，鼓励发展奶牛适度规模养殖和标准化体系建设，提高奶牛养殖现代化水平，支持奶牛良种繁育体系，奶牛高效饲养以及奶牛疫病防疫，实用技术推广和技术培训配套服务体系建设，规范原料乳收购秩序，构建优质高效、布局合理、安全环保的奶源供应体系。

第二十五条 东北乳制品加工区重点发展奶牛大户（家庭牧场）、规范化养殖小区、适度规模的奶牛场，同时建设一批高标准的现代化奶牛场；华北乳制品加工区重点发展专业化养殖场和规模化小区，扩大养殖规模，提高集约度；南方乳制品加工区重点发展与当地气候特征相适应的奶畜品种，支持水牛奶奶源基地建设；大城市郊区乳制品加工区原料乳基地建设要以规模化、标准养殖为主攻方向，重点开展养殖场的环境污染治理工作。

第二十六条　对于所收购的原料乳质量执行国家相关标准，不得收购未经检疫奶畜产的乳，患病奶畜产的乳，含抗生素乳与变质乳。对于违反上述规定的，依法予以处罚。

第二十七条　加紧制定原料乳收购管理规定，加强奶站建设，提升奶站管理水平，坚决打击多级倒手贩卖原料奶现象，确保奶源供应。

第二十八条　鼓励乳制品加工企业通过订单收购、建立风险基金、返还利润、参股入股等多种形式，与奶农结成稳定的产销关系和紧密的利益联结机制。逐步建立和完善原料乳的计价及预测体系，定期公布原料奶价格。逐步建立原料乳质量第三方检测制度与体系。

第二十九条　鼓励乳制品加工企业创建、参股建设规模化奶牛场、奶牛养殖小区。支持奶户联合，发展多种形式的规模化奶牛场和奶牛合作社。到2010年，原料乳产量达到5000万吨；到2012年，原料乳产量达到6000万吨。

第五章　技术与装备

第三十条　坚持引进和自主研发相结合的原则，鼓励创新，开发具有自主知识产权的先进适用技术和装备。重视国家及企业乳品技术与工程研究中心、重点实验室等平台建设；继续开展乳制品关键共性技术研究、集成与示范；促进乳品装备自主化，提高乳制品制造技术与装备制造水平。

第三十一条 加大乳制品产业科技创新投入，积极推进建立企业为主体，科研院所为支撑，市场为导向，产品为核心，产学研结合的乳业技术创新体系，国家科技主管部门组织相关部门，科研院所和企业，依托重大工程和国家科技计划，开展乳业领域的重大科技攻关活动，鼓励乳业科技创新型人才培养。

第三十二条 乳品加工关键技术重点发展膜分离技术、生物技术（包括基因工程、细胞工程、酶工程、发酵工程和生化工程等）、冷杀菌技术、检测技术、流变学分析技术和冷冻干燥技术、干酪加工技术及乳清综合利用技术、直投发酵剂生产技术。支持乳制品质量安全控制关键技术和乳制品中非乳成分检测技术的研究与开发。

第三十三条 乳制品加工装备重点研发日处理原料乳500吨以上的大型乳粉生产设备，低温喷雾干燥设备，日处理100吨原料乳的干酪生产设备、膜过滤设备、节约型多效设备、奶油分离设备、灭菌及无菌灌装成套设备，乳清处理设备及榨乳成套设备等。研发原料和成品快速检测、生产过程在线检测和无损伤检测的方法和设备。到2012年榨乳成套设备、牛乳前处理设备自主化率达到85%以上，无菌罐装设备自主化率达到60%以上。

第三十四条 乳制品包装材料重点开发纸塑复合无菌包装、多层共挤高阻隔性复合材料、可持续性绿色包装材料。

第三十五条　加快现有加工能力结构调整步伐，淘汰乳粉生产中单效浓缩设备，蒸发量小于250千克/小时的喷雾干燥塔，淘汰生产能力在200千克/小时以下的手动及半自动液体乳灌装设备，3年淘汰加工规模为日处理原料乳能力（两班）20吨以下的浓缩、喷雾干燥等设施。

第六章　投资融资

第三十六条　奶业发展重点省区应根据国家乳制品工业产业政策，结合地方实际情况制定中长期乳制品发展思路，其内容必须符合国家乳制品工业产业政策的总体要求。年销售收入20亿以上的大型乳制品企业集团应根据国家乳制品工业产业政策研究制定企业中长期发展方案。

第三十七条　鼓励国内企业兼并、收购和重组国内乳制品企业和装备制造企业。外商投资企业发生上述行为应按照国家有关外商投资的法律法规及规章的规定办理。

第三十八条　加大投资监管，对违规核准、擅自更改核准内容等行为，撤销项目法人投资项目的资格，并追究相关当事人的行政责任。

第三十九条　支持具备条件的乳制品企业通过公开发行股票和发行企业债券等方式筹集资金。国内金融机构特别是政策性银行应优先给予国内大型骨干乳制品企业及特色乳制品建设项目融资支持。对违规项目，金融机构不得提供任何形式信贷支持。

第七章　产品结构

第四十条　适应市场需求，丰富产品品种，形成多样化的乳制品产品结构。

第四十一条　逐步改善以液体乳为主的产品单一局面，鼓励发展适合不同消费者需要的功能性产品、干酪等，鼓励开发特色含乳食品。

第四十二条　积极发展高品质、市场需求量大的乳制品，以满足高端市场的需求。如脱脂乳粉、乳清粉的生产。延长乳品加工产业链，根据市场需求开发乳蛋白、乳糖等精深加工产品。

第八章　质量安全

第四十三条　建立严格的安全控制体系，强化进口乳制品的检验检疫，通过对原料乳生产、收购、加工、销售等环节的全程控制，加强质量安全生产许可认证，确保乳制品安全。

第四十四条　奶畜饲养与管理、原料乳生产收购过程、乳制品加工过程及乳制品质量应执行国家及行业相关标准。

第四十五条　修订生鲜牛乳收购标准、部分乳制品产品标准，制定干酪、乳清粉、奶油制品等产品标准，建立完善的乳制品标准体系。普及机械化挤奶，减少生产环节的污染。加强奶站管理，加快制定挤奶站、收奶站设计规范、挤奶和收奶操作规程。到2012年，主要产区机械化挤奶率达到80%以上。

第四十六条　鼓励企业采用GMP、HACCP、GAP等国际先进的管理体系，建立产品质量追溯和责任追究体系，保证产品质量安全。

第九章　组织结构

第四十七条　建立现代企业制度，完善行业组织形式，改变乳制品企业数量多、规模小的局面，形成大型企业突出、中小企业比例合理的行业组织结构。坚持股权多元化，防止恶意并购，避免行业垄断。

第四十八条　支持国内企业通过兼并、联合、重组和扩建等形式，通过几年努力培育一批年销售收入超过20亿元，具有先进水平、跨地区、具有国际竞争力的大型乳制品企业集团。

第四十九条　在新建大型乳制品生产企业的同时，加快整合现有乳制品生产企业，中小型乳制品企业要向"专、精、特、新"方向发展，在确保奶源全部消化的基础上关停规模小、技术落后、质量差、资源消耗高的乳制品生产企业，到2010年减少落后产能250万吨，2012年减少600万吨。

第十章　资源节约与环境保护

第五十条　贯彻执行国务院《关于加快发展循环经济的若干意见》，按照减量化、再利用、资源化的原则，提高土地资源、饲料资源、水资源及能源等使用效率，转变增长方式，建设资源节约型乳制品工业。

第五十一条 执行严格的土地管理制度,节约集约使用土地。严格执行国土资源部《工业项目建设用地控制指标》规定。

第五十二条 降低包装材料消耗,节约社会资源。提倡乳制品包装多样化,鼓励企业使用能够回收的、循环使用的、环保的、节能的包装材料,减少包材的使用量,合理包装。

第五十三条 严格执行国家和地方相关环境保护、污染治理及清洁生产等法律法规和标准,加大环境保护执法力度,坚持预防为主、综合治理的方针,增强乳制品工业的环境保护意识和社会责任感,健全环境监管机制,完善污染治理措施,严格控制污染物排放,建设环境友好型乳制品工业。

第五十四条 奶源基地要加强环境治理,国家支持养殖场配套建设废弃物的无害化处理和资源综合利用设施,提高环境保护水平。

第五十五条 新建、扩建乳制品项目企业和奶源基地建设应严格执行环境影响评价制度。奶源基地建设必须配套建设养殖场废弃物的无害化处理和资源的综合利用设施,提高环境保护水平。

第十一章 乳制品消费

第五十六条 按照全面建设小康社会和构建社会主义和谐社会的要求,积极倡导乳制品消费,在全社会建立乳制品消费意识,积极开发适合市场的乳制品,扩大消费群体,提高乳制品的消费量。鼓励绿色包装，加强包装废物的回收利用。

第五十七条 通过多形式、多途径在全社会广泛宣传和大力普及奶类营养知识，提高公益性宣传力度，培养国民乳制品消费习惯，引导城乡居民扩大消费。

第五十八条 加大国家学生饮用奶计划推广力度，完善学生饮用奶定点生产企业扶持政策，研究通过对学生奶产品实行增值税退税返还、对贫困家庭学生进行学生奶实物补贴等措施，扩大学生饮用奶覆盖范围。

第五十九条 进一步扩大现有的乳制品主要消费区域，提高城市居民的乳制品消费量，积极开拓中小城市和农村消费市场；鼓励企业加强新产品开发满足不同群体的消费需求。完善乳制品物流配送体系。

第十二章 其 它

第六十条 维护国内公平市场秩序，加强基础信息的统计，建立乳制品工业预警机制，制止不正当市场竞争，避免行业大起大落。

第六十一条 加强人才队伍建设，支持企业培养和吸引科技创新人才以及高级管理人才，全面提高企业职工素质。

第六十二条 充分发挥行业协会协调服务维权自律的职责，当好企业与政府的桥梁，加强行业发展问题的分析与研究，反映行业发展情况，提出行业发展建议。

第六十三条 本政策涉及的相关法律、法规、政策、标准等如有修订，按修订后的规定执行。

第六十四条 本政策自发布之日起实施，由国家发展和改革委员会负责解释。

附：

名词解释

乳制品：包括以生鲜牛（羊）乳及其制品为主要原料，经加工制成的产品。包括：液体乳类（杀菌乳、灭菌乳、酸牛乳、配方乳）；乳粉类（全脂乳粉、脱脂乳粉、全脂加糖乳粉和调味乳粉、婴幼儿配方乳粉、其它配方乳粉）；炼乳类（全脂无糖炼乳、全脂加糖炼乳、调味/调制炼乳、配方炼乳）；乳脂肪类（稀奶油、奶油、无水奶油）；干酪类（原干酪、再制干酪）；其它乳制品类（干酪素、乳糖、乳清粉等）。

杀菌乳：原料乳经过巴氏杀菌处理制成的产品，经巴氏杀菌后，原料乳中的蛋白质及大部分维生素基本无损，但是没有百分之百地杀死所有微生物，杀菌乳对保存环境要求严格，需低温冷藏保存，保质期为1-3天。

灭菌乳：原料乳经超高温瞬时灭菌后无菌罐装或罐装后二次灭菌而制成的无菌产品，原料乳中的微生物全部被杀死，灭菌乳不需冷藏，常温下保质期长达几个月。

配方乳粉：针对不同人群的营养需要，以生乳或乳粉为原料，去除了乳中的某些营养物质或强化了某些营养物质（也可能二者兼而有之），经加工干燥而成的乳制品，配方乳粉的种类包括婴儿乳粉、老年奶粉及其他特殊人群需要的乳粉。

干酪：以乳、稀奶油、部分脱脂乳或这些产品的混合物为原料，经杀菌、凝乳、分离乳清而制成的产品。

干酪素：利用脱脂乳为原料，在酶或酸的作用下生成的酪蛋白聚凝物，经洗涤、脱水、粉碎、干燥加工而制成的产品。

乳清粉：将干酪或干酪素生产过程中排出的乳清经干燥加工而制成的产品。

附 录

生鲜乳收购站标准化管理技术规范

农业部关于印发《生鲜乳收购站标准化管理技术规范》的通知

农牧发〔2009〕4号

各省（自治区、直辖市）畜牧（农牧、农业、农林）厅（局、委、办），新疆生产建设兵团畜牧兽医局，中国奶业协会：

　　为进一步加强生鲜乳收购站标准化管理，提高生鲜乳质量安全水平，根据《乳品质量安全监督管理条例》和《奶业整顿和振兴规划纲要》的要求，参照《良好农业规范第8部分：奶牛控制点与符合性规范》（GB/T 20014.8），我部组织制定了《生鲜乳收购站标准化管理技术规范》。现印发你们，请遵照执行。

二〇〇九年三月二十三日

　　为加强生鲜乳收购站标准化管理，根据《乳品质量安全监督管理条例》、《奶业整顿和振兴规划纲要》的要求，参照《良好农业规范第 8 部分：奶牛控制点与符合性规范》（GB/T 20014.8）制订本规范。本规范适用于奶牛生鲜乳收购站管理，其他奶畜生鲜乳收购站参照本规范实施。

本规范中的生鲜乳收购站是指符合《乳品质量安全监督管理条例》和《生鲜乳生产收购管理办法》条件要求并依法取得所在地县级人民政府畜牧兽医主管部门核发的生鲜乳收购许可证的生鲜乳收购站。

1 基础设施

1.1 生鲜乳收购站应建在地势平坦干燥、排水良好、水源充足、水质符合生活饮用水国家标准的地方。

1.2 建在养殖场（小区）的生鲜乳收购站应建在场区的上风处或中部侧面，距离牛舍 50 米以上，应有专用的运输通道，不能和污道交叉，避免运奶车直接进出生产区。

1.3 机械挤奶的生鲜乳收购站应有消毒区、待挤区、挤奶厅、贮奶间、化验室、设备间、更衣室、办公室等设施。其它生鲜乳收购站应有收奶厅、贮奶间、化验室、设备间、更衣室、办公室等设施。

1.4 消毒区的建设应保证每班奶牛进入待挤区前能够完成正常的消毒工作。

1.5 待挤区的面积应与挤奶位数相适应，通风、排水良好，有条件的可配备降温设施。

1.6 进出挤奶厅的通道应是直道。通道宽度应为 95－105 厘米。通道栏杆可以用胶管或抛光的钢管制作。

1.7 挤奶厅的下水道应保持通畅，并安装便于清洗的防返味装置。

1.8 贮奶间应通风、防尘，有条件的可安装监控摄像头，对贮奶罐的开启部位进行实时监控，并应保留视频记录。视频记录应至少保留6个月，以备检查。

1.9 设备间应留有足够的空间以供配电、真空泵、冷却设备以及其他配套设备的安装和操作。

1.10 生鲜乳收购站内的地面应采用防渗、防滑、耐压材料，设一个或多个排水口，防止积水。墙壁应有瓷砖墙裙。

1.11 生鲜乳收购站应有粪污无害化处理设施，应有排水良好的、便于运输车行驶的硬质地面与贮奶间相连接。

2 机械设备

2.1 生鲜乳收购站应配备与收奶量相适应的冷却、冷藏、低温运输以及发电机、热水器等配套设备。机械挤奶的生鲜乳收购站还应有机械挤奶设备。设备选型应达到国家标准及相关要求。

2.2 机械挤奶的生鲜乳收购站应根据覆盖的泌乳牛头数和单班挤奶时间确定机械挤奶设备的挤奶位数，因地制宜选择挤奶厅（台）的形式。

2.3 贮奶罐应采用光滑、非吸湿性、抗腐蚀、无毒的材料制成，保温层厚度不低于50毫米，密封良好，内设搅拌装置。

2.4 生鲜乳运输罐应保温隔热、防腐蚀、便于清洗。

2.5 机械挤奶的生鲜乳收购站用于收集生鲜乳的管道及相关部件均应选用符合国家相关标准的材料。

2.6 设备维护

2.6.1 每天检查真空泵油量是否保持在要求的范围内；集

乳器进气孔是否被堵塞；橡胶部件是否有磨损或漏气；检查套杯前与套杯后，真空表读数是否稳定；真空调节器是否有明显的放气声，以确认真空储气量是否充足；奶杯内衬/杯罩间是否有液体进入，以确认内衬是否有破裂，如有破损，应及时更换。

2.6.2 每周检查脉动率与内衬收缩状况；奶泵止回阀的工作情况。

2.6.3 每月检查真空泵皮带松紧度；脉动器是否需要更换；清洁真空调节器和传感器的工作状况；检查浮球阀密封情况，确保工作正常，有磨损应立即更换；冲洗真空管、清洁排泄阀、检查密封状况。

2.6.4 年度检查由专业技术工程师每年定期对挤奶设备进行一次全面检修与保养。不同类型的设备应根据设备要求进行相应维护。

3 质量检测

3.1 收购的生鲜乳应留存样品，并做好采样编号、记录登记。样品应冷冻保存，并至少保留10天，便于质量溯源和责任追究。

3.2 应按照乳品质量安全国家标准对生鲜乳进行常规检测。应有与检测项目相适应的化验、计量、检测仪器设备。

4 人员要求

4.1 生鲜乳收购站的工作人员每年至少应体检一次，应有健康合格证。应建立员工健康档案。患有传染病的人员不得从事生鲜乳收购站各项工作。

4.2 生鲜乳收购站管理者应熟悉奶业管理相关法律法规，

熟悉生鲜乳生产、收购相关专业知识。

4.3 生鲜乳收购站应对员工进行定期的卫生安全培训和教育，增强质量安全观念。

4.4 生鲜乳收购站从事生鲜乳化验检测的人员应经培训合格，熟悉生鲜乳生产质量控制及相关的检验检测技术。

5 操作规范

5.1 有下列情况之一的奶牛不得入厅挤奶：正在使用抗菌药物治疗以及不到规定的停药期的奶牛；产犊7天内的奶牛；患有乳房炎的奶牛；患有结核病、布鲁氏菌病及其他传染性疾病的奶牛；不符合《乳用动物健康标准》相关规定的奶牛。

5.2 挤奶前应对乳房进行清洁与消毒。先用35-45℃温水清洁乳房、乳头，然后用专用药液药浴乳头15-20秒后擦干。每头奶牛应有专用的毛巾，鼓励用一次性纸巾擦干。药浴液应在每班挤奶前现用现配，并保证有效的药液浓度。

5.3 手工将头2-3把奶挤到专用容器中，检查是否有凝块、絮状物或水样物，乳样正常的牛方可上机挤奶。乳样异常时应及时报告兽医，并对该牛只单独挤奶，单独存放，不得混入正常生鲜乳中。

5.4 应在45秒内将奶杯稳妥地套在乳头上，使奶杯均匀分布在乳房底部，并略微前倾。挤奶时间4-7分钟，出奶较少时应对乳房进行自上而下地按摩，防止空挤。挤奶套杯时应避免空气进入杯组中。挤奶过程中应观察真空稳定性、挤奶杯组奶流，必要时调整奶杯组的位置。

5.5 挤奶结束后，应在关闭集乳器真空2-3秒后再移去奶杯。不得下压挤奶机,避免过度挤奶。挤奶结束后,应再次进行乳头药浴,药浴时间为3-5秒。

5.6 挤出的生鲜乳应在2小时之内冷却到0-4℃保存。贮奶罐内生鲜乳温度应保持0-4℃。生鲜乳挤出后在贮奶罐的贮存时间不应超过48小时。

6 管理制度

6.1 生鲜乳收购站应建立完善的管理制度,至少应包括卫生保障、质量安全保障、挤奶操作规程、化学品管理等。

6.2 生鲜乳收购站应建立生鲜乳收购、销售和检测记录,并保留2年。生鲜乳收购记录应载明收购站名称、收购许可证编号、畜主姓名、单次收购量、收购日期和地点。生鲜乳销售记录应载明生鲜乳装载量、装运地、运输车辆牌照及准运证明、承运人姓名、装运时间、装运时生鲜乳温度等。生鲜乳检测记录应载明检测人员、检测项目、检测结果、检测时间。

7 卫生条件

7.1 工作人员进入生鲜乳收购站应穿工作服和工作鞋、戴上工作帽。要洗净双手,并经紫外线消毒。工作服、工作鞋以及工作帽必须每天消毒。非工作人员禁止进入生鲜乳收购站。

7.2 生鲜乳在挤奶、冷却、贮存、运输过程中,应在密闭条件下操作,不得与有毒、有害、挥发性物质接触。生鲜乳运输罐在起运前应加铅封,严防在运输途中向奶罐内加入任何物质。

7.3 挤奶厅与相关设施在每班次牛挤奶后应彻底清扫干净,用高压水枪冲洗,并进行喷雾消毒。奶桶、奶杯等每班次专用,用后彻底消毒和清洗。

7.4 应严格按照设备清洗规程对挤奶、贮奶设备进行清洗、消毒，并保存有完整的清洗前后水温、冲洗时间、酸碱液浓度记录。如果清洗消毒后超过96小时未使用，再次使用前应重新清洗消毒。

7.5 贮奶罐外部应保持清洁、干净，没有灰尘。贮奶罐的盖子应注意保持关闭状态。交奶后应及时清洗消毒贮奶罐并将罐内的水排净。

7.6 清洗完毕后，应排干或烘干管道内以及所有和生鲜乳接触过的容器表面的水，防止因湿度过大引起微生物滋生。奶泵、奶管、节门应定期通刷、清洗，每周2次。

7.7 挤奶厅、贮奶间只能用于生产、冷却和贮存生鲜乳，不得堆放任何化学物品和杂物；禁止吸烟，并张贴相关警示标志；有防鼠防害虫措施，如安装纱窗、使用捕蝇纸和电子灭蚊蝇器，捕蝇纸要定期更换，并不得放在贮奶罐上；贮奶间的门应注意保持经常性关闭状态；贮奶间污水的排放口需距贮奶间15米以上或将污水排入暗沟。

7.8 站内许可使用的化学物质和产品应存放在不会对生鲜乳造成直接或间接污染的位置。

7.9 收购站周围环境每周应用2%氢氧化钠溶液或其它高效低毒消毒剂消毒一次。站内排污池和下水道等每月用漂白粉消毒一次。

乳制品生产企业危害分析与关键控制点（HACCP）体系认证实施规则（试行）

（国家认监委 2009 年第 16 号）

1. 目的、范围与责任

1.1 为规范乳制品生产企业（以下简称乳品企业）危害分析与关键控制点（HACCP）体系认证（以下简称HACCP认证）工作，促进乳品企业质量安全自控能力的提高，根据《中华人民共和国食品安全法》、《中华人民共和国乳品质量安全监督管理条例》、《中华人民共和国认证认可条例》、《食品生产企业危害分析与关键控制点（HACCP）体系认证管理规定》有关规定，制定本规则。

1.2 本规则规定了从事乳品企业HACCP认证的认证机构（以下简称认证机构）实施乳品企业HACCP认证的程序与管理的基本要求，是认证机构从事乳品企业HACCP认证活动的基本依据。

1.3 认证机构和认证人员遵守本规则的规定，并不意味着可免除其所承担的法律责任。认证机构和认证人员应依据《中华人民共和国食品安全法》、《中华人民共和国乳品质量安全监督管理条例》、《中华人民共和国认证认可条例》等相关法律、法规的规定，承担所涉及的认证责任。

2. 认证机构要求

2.1 认证机构应当依法设立，具有《中华人民共和国认证认可条例》规定的基本条件和从事乳品企业HACCP认证的技术能力，并获得国家认证认可监督管理委员会（以下简称国家认监委）批准。

2.2 认证机构应在获得国家认监委批准后的12个月内，向国家认监委提交其实施乳品企业HACCP认证活动符合GB/T22003《食品安全管理体系审核与认证机构要求》的证明文件，否则撤销其乳品企业HACCP认证批准资质。认证机构在未取得相关证明文件前，只能颁发不超过10张该认证范围的认证证书。

3. 认证人员要求

3.1 认证审核员应按照《中华人民共和国认证认可条例》、《认证及认证培训、咨询人员管理办法》有关规定取得中国认证认可协会的执业注册。中国认证认可协会应对认证审核人员的专业能力进行评估。

3.2 认证审核员应当具备实施乳品企业危害分析，按标准要求实施乳品企业HACCP认证活动的能力。认证机构应对本机构的认证审核员的能力做出评价，以满足实施乳品企业相应类别产品HACCP认证活动的需要。

4. 认证依据

GB/T 27341《危害分析与关键控制点体系食品生产企业通用要求》

GB/T 27342《危害分析与关键控制点体系 乳制品生产企业要求》

GB 12693《乳制品企业良好生产规范》

5. 认证程序

5.1 认证申请

5.1.1 申请人应具备以下条件：

（1）取得国家工商行政管理部门或有关机构注册登记的法

人资格（或其组成部分）；

（2）取得相关法规规定的行政许可文件（适用时）；

（3）产品标准符合《中华人民共和国标准化法》规定；

（4）生产经营的产品符合中华人民共和国相关法律、法规、食品安全标准和有关技术规范的要求；

（5）按照本规则规定的认证依据，建立和实施了文件化的HACCP体系，且体系有效运行3个月以上。

5.1.2　申请人应提交的文件和资料：

（1）认证申请；

（2）法律地位证明文件复印件；

（3）有关法规规定的行政许可文件复印件（适用时）；

（4）组织机构代码证书复印件；

（5）HACCP体系文件；

（6）组织机构图、职责说明和技术人员清单；

（7）厂区位置图、平面图；加工车间平面图；产品描述；生产、加工工艺流程图、工艺描述；

（8）生产经营过程中执行的相关法律、法规和技术规范清单；

（9）产品执行标准目录。产品执行企业标准时，提供加盖当地政府标准化行政主管部门备案印章的产品标准文本；

（10）生产、加工主要设备清单和检验设备清单；

（11）生鲜乳日供应与企业日加工能力情况及最大收奶区域半径的说明（适用时）；

（12）委托加工情况（适用时）；

（13）近一年内质量监督、行业主管部门产品检验报告复印件或其他产品符合 5.1.1（4）规定的证明材料；

（14）承诺遵守法律法规、认证机构要求及提供材料真实性的自我声明；

（15）其他文件。

5.2 认证受理

5.2.1 认证机构应向申请人至少公开以下信息：

（1）认证范围；

（2）认证工作程序；

（3）认证依据；

（4）证书有效期；

（5）认证收费标准。

5.2.2 申请评审

认证机构应在15个工作日内对申请人提交的申请文件和资料进行评审并保存评审记录，确保：

（1）关于申请人及其体系管理的信息充分，可以进行审核；

（2）认证要求已有明确说明并形成文件，且已提供给申请人；

（3）认证机构和申请人之间在理解上的差异得到解决；

（4）认证机构有能力并能够实施认证活动；

（5）考虑了申请的认证范围、运作场所、完成审核需要的时间和任何其他影响认证活动的因素（语言、安全条件、对公正性的威胁等）；

（6）保存了决定实施审核的理由的记录。

5.2.3 评审结果处理

申请材料齐全、符合要求的，予以受理认证申请。

未通过申请评审的,应在 10 个工作日内书面通知认证申请人在规定时间内补充、完善,或不同意受理认证申请并明示理由。

5.3 初次认证审核

认证机构应根据乳品企业的规模、生产过程和产品的安全风险程度等因素,对认证审核全过程进行策划,制定审核方案。

HACCP 认证初次认证审核应分两个阶段实施:第一阶段和第二阶段。

5.3.1 第一阶段审核

第一阶段审核的目的是调查申请人是否已具备实施认证审核的条件,第一阶段审核应关注但不限于以下方面内容:

(1) 收集关于受审核方的 HACCP 体系范围、过程和场所的必要信息,以及相关的法律法规要求和遵守情况;

(2) 充分识别委托加工等生产活动对食品安全的影响程度;

(3) 了解受审核方对认证标准要求的理解,审核受审核方的 HACCP 体系文件。文件审核应重点评价受审核方编制的体系文件是否适合该企业及申请认证产品的特点。

文件审核应重点关注:是否制定了对委托加工等外包过程的控制要求,控制措施的严格程度是否适宜;审核受审核方制定的前提计划是否考虑了产品及生产特点,内容是否充分,包含了必需的管理要求;食品安全危害识别是否充分,危害分析是否科学合理;关键控制点、关键限值的确定是否科学并有相关支持性证据;关键控制点的监控措施是否明确,有可操作性;

确定的显著食品安全危害是否制定了有可操作性的预防措施；关键控制点的验证活动规定的是否明确，是否具备验证相应食品安全危害得以有效控制的作用。

审核员应在了解受审核方基本情况的前提下，对受审核方认证范围内产品进行危害分析，编制 HACCP 计划表，并与受审核方编制的体系文件进行比对，与受审核方沟通并达成共识。

（4）充分了解受审核方的 HACCP 体系和现场运作，评价受审核方的运作场所和现场的具体情况及体系的实施程度，确认受审核方是否已为第二阶段审核做好准备，并与受审核方商定第二阶段审核的细节，明确审核范围，为策划第二阶段审核提供关注点。

第一阶段审核活动一般应包括对受审核方的生产或加工场所的审核。当不在受审核方生产或加工场所实施一阶段审核时，认证机构应有充分的理由说明第一阶段审核实施的有效性。

应告知受审核方第一阶段的审核结果可能导致推迟或取消第二阶段审核。

5.3.2 第二阶段审核

第二阶段审核的目的是评价受审核方 HACCP 体系实施的符合性和有效性。

第二阶段审核应在具备实施认证审核的条件下进行，第一阶段审核提出的影响实施第二阶段审核的问题应在第二阶段审核前得到解决。

第二阶段审核应在受审核方的现场进行，应重点关注但不限于以下方面内容：

（1）与《中华人民共和国食品安全法》、《中华人民共和国乳品质量安全监督管理条例》等适用法律、法规及标准的符合性；

（2）HACCP 体系实施的有效性，包括 HACCP 计划与前提计划的实施，对产品安全危害的控制能力；

（3）生鲜乳、其它原辅料、直接接触乳制品的包装材料食品安全危害的识别和控制的有效性；食品添加剂、冷藏、清洗消毒控制的有效性；

（4）受审核方对生鲜乳、原料乳粉等原辅料的供方制定和实施的控制措施严格程度及有效性，确认受审核方是否真正具备保证食品安全达到可接受水平的能力；

（5）产品可追溯性体系的建立及不合格产品的召回；

（6）食品安全验证活动安排的有效性及食品安全状况。

对于第一阶段审核的 HACCP 体系的部分，如果审核完整、有效，符合要求，并确保 HACCP 体系已审核的部分持续符合认证要求，第二阶段可以不对其再次审核。第二阶段的审核报告应包含第一阶段审核中的审核发现，并且应清楚地表述第一阶段审核已经确立的符合性。

第一阶段和第二阶段审核的间隔应不超过 6 个月。如果超过 6 个月，应重新实施第一阶段审核。

5.3.3 审核时间

认证机构应制定确定审核时间的程序文件。认证机构应根据受审核方的规模、审核范围、生产过程和产品的安全风险程度等因素，策划审核时间，确保审核的充分性和有效性。

5.4 审核的策划和实施

5.4.1 组成审核组。审核组应具备实施乳品企业相应类别产品 HACCP 认证审核的能力。审核组中至少有一名相应类别产品专业审核员。同一审核员不能连续两次在同一生产现场审核时担任审核组组长,不能连续三次对同一生产现场实施认证审核。第一、二阶段审核组组长宜为同一人,第二阶段审核组中至少应包含一名第一阶段审核员。初次认证审核组至少由二名审核员组成。

5.4.2 审核通知应于现场审核前告知受审核方。认证机构应向受审核方提供审核组每位成员的姓名。并在受审核方请求时使其能够了解每位成员的背景情况。受审核方对审核组的组成提出异议且合理时,认证机构应调整审核组。

5.4.3 审核组长应提前与受审核方就审核事宜进行沟通,商定审核日期。审核组长应为每次审核编制审核计划,并经认证机构批准。

5.4.4 现场审核应安排在审核范围覆盖产品的生产期,审核组应在现场观察该产品的生产活动。

5.4.5 当受审核方体系覆盖了多个地点进行的相同活动时,认证机构应对每一生产场所实施现场认证审核,以确保审核的有效性。当受审核方存在将影响食品安全的重要生产过程采用委托加工等方式进行时,应对委托加工过程实施现场审核。

5.4.6 对于审核中发现的不符合,认证机构应要求受审核方在规定的期限内分析原因,并说明为消除不符合已采取或拟采取的具体纠正和纠正措施。认证机构应审查受审核方提交的纠正和纠正措施，以确定其是否可被接受。受审核方对不符合采取纠正和纠正措施的时间不得超过3个月。

5.4.7 审核组应对在第一阶段和第二阶段审核中收集的所有信息和证据进行分析，以评审审核发现并就审核结论达成一致。

5.4.8 审核组应为每次审核编写书面审核报告，认证机构应向受审核方提供审核报告。

5.4.9 产品安全性验证

为验证乳制品安全危害水平在确定的可接受水平之内，HACCP计划和前提计划得以实施且有效，特别是乳制品的安全状况等情况，适用时，在现场审核或相关过程中可采取对申请认证范围覆盖的乳制品进行抽样检验的方法验证产品的安全性。认证机构可根据有关指南、标准、规范或相关要求策划抽样检验活动。

抽样检验可采用以下三种方式：

（1）委托具备相应能力的检验机构完成；

（2）在具备能力的情况下，可由现场审核人员利用申请人的检验设施完成；

（3）由现场审核人员确认由其他检验机构出具的检验结果的方式完成。

当采用确认由其他检验机构出具检验结果的方式完成验证时，应满足以下条件：

（1）出具检验报告的检验机构应当符合有关法律法规和技术规范规定的资质能力要求，并依据《检测和校准实验室能力的通用要求》（GB/T 15481）获得实验室认可；

（2）检验项目应当包括认证机构确定的产品安全卫生指标；

（3）检验报告的签发日期为最近6个月内。

5.5 认证决定

5.5.1 综合评价

认证机构应根据审核过程中收集的信息和其他有关信息，包括产品的实际乳制品安全状况验证结果进行综合评价，做出认证决定。审核组成员不得参与认证决定。

对于符合认证要求的受审核方，认证机构可颁发认证证书。

对于不符合认证要求的受审核方，认证机构应以书面的形式告知其不能通过认证的原因。

5.5.2 对认证决定的申诉

受审核方如对认证决定有异议，可在10个工作日内向认证机构申诉，认证机构自收到申诉之日起，应在一个月内进行处理，并将处理结果书面通知申请人。

受审核方认为认证机构行为严重侵害了自身合法权益的，可以直接向国家认监委投诉。

5.6 跟踪监督

5.6.1 跟踪监督活动

认证机构应依法对获证企业实施跟踪调查，包括现场监督审核、日常监督等。

5.6.2 监督审核

5.6.2.1 认证机构应根据获证乳品企业及体系覆盖产品的风险，合理确定监督审核的时间间隔或频次。当体系发生重大变化或发生食品安全事故时，认证机构视情况可增加监督审核的频次。

5.6.2.2 初次审核后的第一次监督审核应在第二阶段审核最后一天起十二个月内实施。监督审核的间隔不超过12个月，并应在生产状态下进行。每次监督审核应尽可能覆盖HACCP体系认证范围内的所有产品。由于产品生产期的原因，在每次监督审核时难以覆盖所有产品的，在认证证书有效期内的监督审核必须覆盖HACCP体系认证范围内的所有产品。

5.6.2.3 监督审核应包括但不限于以下内容：

（1）体系变化和保持情况；

（2）生鲜乳日供应变化情况（适用时）；

（3）重要原、辅料供方及委托加工的变化情况；

（4）产品安全性情况；

（5）顾客投诉及处理；

（6）涉及变更的认证范围；

（7）对上次审核中确定的不符合所采取的纠正措施；

（8）法律法规的遵守情况、质量监督或行业主管部门抽查的结果；

（9）证书的使用。

5.6.2.4 必要时，监督审核应对产品的安全性进行验证。验证要求见5.4.9。

5.6.3 监督结果评价

认证机构应依据跟踪监督结果，对获证乳制品企业作出保持、暂停、或撤销其认证资格的决定。

5.6.4 信息通报制度

为确保获证乳品企业的 HACCP 体系持续有效,认证机构应要求与获证乳品企业建立信息通报制度,以及时获取获证乳品企业以下信息:

(1) 有关法律地位、经营状况、组织状态或所有权;组织和管理层;联系地址和场所;获证管理体系覆盖的运作范围;管理体系和过程的重大变更,包括产品、工艺、关键的管理、决策或技术人员等的发生重大变化的信息;

(2) 生鲜乳、原料乳粉供应变化情况(适用时);

(3) 消费者投诉的信息;

(4) 所在区域内发生的有关重大动、植物疫情的信息;

(5) 有关食品安全事故的信息;

(6) 在主管部门检查或组织的市场抽查中,被发现有严重食品安全问题的有关信息;

(7) 不合格品召回及处理的信息;

(8) 其他重要信息。

5.6.5 信息分析

认证机构应对上述信息进行分析,视情况采取相应措施,如增加监督审核频次、暂停或撤销认证资格等。

5.7 再认证

认证证书有效期满前三个月,可申请再认证。再认证程序与初次认证程序一致,但可不进行第一阶段现场审核。当体系或运作环境(如法律法规、食品安全标准等)有重大变更,并经评价需要时,再认证需实施第一阶段审核。

认证机构应根据再认证审核的结果,以及认证周期内的体系评价结果和认证使用方的投诉，做出再认证决定。

5.8 认证范围的变更

5.8.1 获证乳品企业拟变更认证范围时，应向认证机构提出申请，并按认证机构的要求提交相关材料。

5.8.2 认证机构应根据获证乳品企业的申请进行评审，策划并实施适宜的审核活动，并按照5.5的规定要求做出认证决定。这些审核活动可单独进行，也可与获证乳品企业的监督审核或再认证一起进行。

5.8.3 对于申请扩大认证范围的，必要时，应在审核中验证其产品的安全性。

5.9 认证要求变更

认证要求变更时，认证机构应将认证要求的变化以公开信息的方式告知获证乳品企业，并对认证要求变更的转换安排做出规定。

认证机构应采取适当方式对获证乳品企业实施变更后认证要求的有效性进行验证，确认认证要求变更后获证乳品企业证书的有效性，符合要求可继续使用认证证书。

6. 认证证书

6.1 认证证书有效期

HACCP认证证书有效期为2年。认证证书应当符合相关法律、法规要求。认证证书应涵盖以下基本信息（但不限于）：

（1）证书编号

（2）企业名称、地址

（3）证书覆盖范围（含产品生产场所、生产车间等信息）

（4）认证依据

（5）颁证日期、证书有效期

(6) 认证机构名称、地址

6.2 认证证书的管理

认证机构应当对获证乳品企业认证证书使用的情况进行有效管理。

6.2.1 认证证书的暂停

有下列情形之一的，认证机构应当暂停其使用认证证书，暂停期限为三个月。

(1) 获证乳品企业未按规定使用认证证书的；

(2) 获证乳品企业违反认证机构要求的；

(3) 获证乳品企业发生食品安全卫生事故；质量监督或行业主管部门抽查不合格等情况，尚不需立即撤销认证证书的；

(4) 监督结果证明获证乳品企业 HACCP 体系或相关产品不符合认证依据、相关产品标准要求，不需要立即撤销认证证书的；

(5) 获证乳品企业未能按规定间隔期实施监督审核的；

(6) 获证乳品企业未按要求对信息进行通报的；

(7) 获证乳品企业与认证机构双方同意暂停认证资格的。

6.2.2 认证证书的撤销

有下列情形之一的，认证机构应当撤销其认证证书。

(1) 监督结果证明获证乳品企业 HACCP 体系或相关产品不符合认证依据或相关产品标准要求，需要立即撤销认证证书的；

(2) 认证证书暂停期间，获证乳品企业未采取有效纠正措施的；

(3) 获证乳品企业不再生产获证范围内产品的；

(4) 获证乳品企业申请撤销认证证书的；

(5) 获证乳品企业出现严重食品安全卫生事故或对相关方

重大投诉未能采取有效处理措施的;

（6）获证乳品企业不接受相关监管部门或认证机构对其实施监督的。

6.2.3 认证机构间认证证书的转换

获证乳品企业还在认证机构的处置过程中的，不得转换认证机构，除非做出处置决定的认证机构已确认获证乳品企业已实施有效的纠正和纠正措施。

认证机构被撤销批准资格后，持有该机构有效认证证书的获证乳品企业，可以向经国家认监委批准的认证机构转换认证证书；受理证书转换的认证机构应该按照规定程序进行转换，并将转换结果报告国家认监委。

7. 信息报告

认证机构应当按照要求及时将下列信息通报相关政府监管部门：

（1）认证机构在对企业现场进行认证现场审核时，应当提前5日书面通报企业所在地省级质检部门认证监管机构；

（2）认证机构应当在10个工作日内将撤销、暂停、注销认证证书的乳品企业名单和原因以书面形式，向国家认监委和企业所在地的省级质量监督、检验检疫、工商行政管理、食品药品监督管理部门报告，并向社会公布；

（3）认证机构在获知获证乳品企业发生食品安全事故后，应当及时将相关信息向国家认监委和企业所在地的省级质量监督、工商行政管理、食品药品监督管理部门通报；

（4）认证机构应当通过国家认监委指定的信息系统，按要求报送认证信息。报送内容包括：获证乳品企业、证书覆盖范围、审核报告、证书发放、暂停和撤销等方面的信息；

（5）认证机构应当于每年3月底之前将上一年度HACCP认

证工作报告报送国家认监委，报告内容包括：颁证数量、获证乳品企业质量分析、暂停和撤销认证证书清单及原因分析等。

8. 认证收费

HACCP 认证应按照《国家计委 国家质量技术监督局 关于印发〈质量体系认证收费标准〉的通知》（计价格〔1999〕212号）有关规定，收取认证费用。

根据《中华人民共和国食品安全法》第三十三条规定，认证机构实施跟踪调查不收取任何费用。

湖南省常德市乳及乳制品管理办法

常德市人民政府办公室关于印发
《常德市粮油食品生产经营管理办法》和
《常德市乳及乳制品管理办法》的通知
常政办发〔2004〕39号

各区县（市）人民政府，德山开发区、柳叶湖旅游度假区、西湖管理区、西洞庭管理区管委会，市直有关单位：

现将《常德市粮油食品生产经营管理办法》和《常德市乳及乳制品管理办法》印发给你们，请认真遵照执行。

二〇〇四年十二月十日

第一条 为加强乳及乳制品生产经营的监督管理，提高乳品质量，保障人民身体健康，根据国家有关法律、法规，结合我市实际，制定本办法。

第二条 本办法适用于本市行政区域内所有从事乳及乳制品生产经营的单位和个人。

本办法所称乳及乳制品是指消毒乳、新鲜生乳、混合消毒乳、炼乳（淡、甜）、奶粉（全脂、脱脂和全脂加糖）、奶油、干酪、酸乳、乳糖、乳清粉等。

第三条 市卫生行政部门负责乳及乳制品的卫生监督管理

工作。市工商、质监、食品药品监督、畜牧等行政管理部门按照各自职责做好乳及乳制品生产销售的监督管理工作。

第四条 开办乳及乳制品生产厂，应当办理卫生许可证、食品生产许可证，领取营业执照。

第五条 乳及乳制品生产经营人员必须每年进行健康检查，取得健康合格证明和卫生知识培训合格证。

第六条 乳及乳制品生产经营单位应加强生产经营管理，建立健全相应的管理制度，配备专职或兼职的管理人员。

第七条 为防止人畜共患病的传播，乳牛由当地动物防疫机构定期检疫。发生传染病时，乳牛饲养单位或个人应立即向畜牧、卫生等部门报告，采取有效免疫、治疗、消毒、隔离、扑杀等防治措施。被污染的乳汁不得供食用。

第八条 乳及乳制品生产企业必须具备食品企业通用卫生规定的条件（GB14881-94）。

第九条 乳及乳制品企业生产经营过程必须符合下列要求：

（一）牛舍、牛体应保持清洁，设置单独挤奶间，防止污染乳汁。

（二）挤奶操作人员双手干净卫生，乳牛挤奶前后均要消毒，擦洗牛乳房要做到一牛一巾，挤奶前半小时不要清扫和更换饲料，避免尘埃飞扬。

（三）挤下的乳汁必须尽快冷却或及时加工，消毒乳、酸牛乳在发售前应置于10℃以下冷库保存，奶油应置于-15℃以下冷库保存，防止变质。

（四）乳品生产车间应保持内外环境整洁，及时清洗地面，清除垃圾，定期消毒。

（五）生产车间工作人员要保持良好的个人卫生，进入车间前必须穿戴清洁的工作衣、帽、鞋，清洁双手和消毒。进入灌装间的人员必须进入二次更衣室更衣，配戴口罩方准进入。

（六）生产场所不得存放与生产无关的设备物品，防止乳及乳制品与有毒物、不洁物相互污染。

（七）凡与乳品直接接触的工具、容器及机械设备，在生产结束后要彻底清洗，使用前要严密消毒。

（八）乳汁中不得掺水，不得加入任何其他物质。乳品中使用添加剂应符合现行的《食品添加剂使用卫生标准》。

（九）乳品贮存要有单独冷库并清洁干燥通风。成品存放离地隔墙，入库乳品要标明日期，先进先出，避免存放时间过长引起变质。

第十条 乳品的包装必须完整，包装材料应符合国家有关卫生、质量标准。产品标签必须符合《食品标签通用标准》（GB7718-1994）要求，分别标明品名、厂名、厂址、生产日期、批号、保存期限、食用方法和生产许可标志等事项，其产品标签和说明书不得有夸大或虚假的宣传内容。

第十一条 乳品的运输工具应清洁干净，防止日光照射和雨水入侵，禁止与有毒、有害物品及其它有气味的物品混运；装卸时避免强烈震动，防止包装破裂，原料乳、酸乳、奶油、干酪要低温运输。

第十二条 乳及乳制品批发销售的营业间必须与库房分开，经营场所必须与生活场所分开，严禁有毒有害物品与乳及乳制品同库贮存。

第十三条 禁止生产经营下列乳品：

（一）腐败变质、不洁，混有异物或其他感官性状异常的；

（二）含有毒、有害物质，或者被有毒、有害物质污染，可能对人体健康有害的；

（三）未经检疫的乳牛所挤乳汁生产的产品；

（四）掺假、掺杂、伪造，影响营养、卫生的；

（五）超过保质期限的；

（六）未经检验或检验不合格出厂的；

（七）无有关证照生产的；

（八）其它不符合国家食品卫生质量标准的。

第十四条 卫生、质监、食品药品监督、畜牧、工商等行政管理部门应加强对乳及乳制品生产厂家、销售单位卫生状况、产品质量的监督检查，并及时向社会公布检测结果。

第十五条 各行政主管部门应当公布举报电话。对违反本办法的行为，任何人都有权检举和控告。

第十六条 违反本办法规定，依法应给予行政处罚的，由县级以上卫生、工商、质监、畜牧等行政管理部门依照有关法律法规给予行政处罚。

第十七条 负有乳及乳制品生产经营监督管理职责的国家工作人员滥用职权、玩忽职守、徇私舞弊的，依法给予行政处分；构成犯罪的，依法追究刑事责任。

第十八条 本办法2005年1月1日起施行。

乳品质量安全监督管理条例

中华人民共和国国务院令

第 536 号

《乳品质量安全监督管理条例》已经 2008 年 10 月 6 日国务院第二十八次常务会议通过,现予公布,自公布之日起施行。

总理　温家宝

2008 年 10 月 9 日

第一章　总　则

第一条　为了加强乳品质量安全监督管理,保证乳品质量安全,保障公众身体健康和生命安全,促进奶业健康发展,制定本条例。

第二条　本条例所称乳品,是指生鲜乳和乳制品。

乳品质量安全监督管理适用本条例；法律对乳品质量安全监督管理另有规定的，从其规定。

第三条 奶畜养殖者、生鲜乳收购者、乳制品生产企业和销售者对其生产、收购、运输、销售的乳品质量安全负责，是乳品质量安全的第一责任者。

第四条 县级以上地方人民政府对本行政区域内的乳品质量安全监督管理负总责。

县级以上人民政府畜牧兽医主管部门负责奶畜饲养以及生鲜乳生产环节、收购环节的监督管理。县级以上质量监督检验检疫部门负责乳制品生产环节和乳品进出口环节的监督管理。县级以上工商行政管理部门负责乳制品销售环节的监督管理。县级以上食品药品监督部门负责乳制品餐饮服务环节的监督管理。县级以上人民政府卫生主管部门依照职权负责乳品质量安全监督管理的综合协调、组织查处食品安全重大事故。县级以上人民政府其他有关部门在各自职责范围内负责乳品质量安全监督管理的其他工作。

第五条 发生乳品质量安全事故，应当依照有关法律、行政法规的规定及时报告、处理；造成严重后果或者恶劣影响的，对有关人民政府、有关部门负有领导责任的负责人依法追究责任。

第六条 生鲜乳和乳制品应当符合乳品质量安全国家标准。乳品质量安全国家标准由国务院卫生主管部门组织制定，并根据风险监测和风险评估的结果及时组织修订。

乳品质量安全国家标准应当包括乳品中的致病性微生物、农药残留、兽药残留、重金属以及其他危害人体健康物质的限量规定，乳品生产经营过程的卫生要求，通用的乳品检验方法与规程，与乳品安全有关的质量要求，以及其他需要制定为乳品质量安全国家标准的内容。

制定婴幼儿奶粉的质量安全国家标准应当充分考虑婴幼儿身体特点和生长发育需要，保证婴幼儿生长发育所需的营养成分。

国务院卫生主管部门应当根据疾病信息和监督管理部门的监督管理信息等，对发现添加或者可能添加到乳品中的非食品用化学物质和其他可能危害人体健康的物质，立即组织进行风险评估，采取相应的监测、检测和监督措施。

第七条 禁止在生鲜乳生产、收购、贮存、运输、销售过程中添加任何物质。

禁止在乳制品生产过程中添加非食品用化学物质或者其他可能危害人体健康的物质。

第八条 国务院畜牧兽医主管部门会同国务院发展改革部门、工业和信息化部门、商务部门，制定全国奶业发展规划，加强奶源基地建设，完善服务体系，促进奶业健康发展。

县级以上地方人民政府应当根据全国奶业发展规划，合理确定本行政区域内奶畜养殖规模，科学安排生鲜乳的生产、收购布局。

第九条 有关行业协会应当加强行业自律，推动行业诚信建设，引导、规范奶畜养殖者、生鲜乳收购者、乳制品生产企业和销售者依法生产经营。

第二章 奶畜养殖

第十条 国家采取有效措施，鼓励、引导、扶持奶畜养殖者提高生鲜乳质量安全水平。省级以上人民政府应当在本级财政预算内安排支持奶业发展资金，并鼓励对奶畜养殖者、奶农专业生产合作社等给予信贷支持。

国家建立奶畜政策性保险制度，对参保奶畜养殖者给予保费补助。

第十一条 畜牧兽医技术推广机构应当向奶畜养殖者提供养殖技术培训、良种推广、疫病防治等服务。

国家鼓励乳制品生产企业和其他相关生产经营者为奶畜养殖者提供所需的服务。

第十二条 设立奶畜养殖场、养殖小区应当具备下列条件：

（一）符合所在地人民政府确定的本行政区域奶畜养殖规模；

（二）有与其养殖规模相适应的场所和配套设施；

（三）有为其服务的畜牧兽医技术人员；

（四）具备法律、行政法规和国务院畜牧兽医主管部门规定的防疫条件；

（五）有对奶畜粪便、废水和其他固体废物进行综合利用的沼气池等设施或者其他无害化处理设施；

（六）有生鲜乳生产、销售、运输管理制度；

（七）法律、行政法规规定的其他条件。

奶畜养殖场、养殖小区开办者应当将养殖场、养殖小区的名称、养殖地址、奶畜品种和养殖规模向养殖场、养殖小区所在地县级人民政府畜牧兽医主管部门备案。

第十三条 奶畜养殖场应当建立养殖档案，载明以下内容：

（一）奶畜的品种、数量、繁殖记录、标识情况、来源和进出场日期；

（二）饲料、饲料添加剂、兽药等投入品的来源、名称、使用对象、时间和用量；

（三）检疫、免疫、消毒情况；

（四）奶畜发病、死亡和无害化处理情况；

（五）生鲜乳生产、检测、销售情况；

（六）国务院畜牧兽医主管部门规定的其他内容。

奶畜养殖小区开办者应当逐步建立养殖档案。

第十四条 从事奶畜养殖，不得使用国家禁用的饲料、饲料添加剂、兽药以及其他对动物和人体具有直接或者潜在危害的物质。

禁止销售在规定用药期和休药期内的奶畜产的生鲜乳。

第十五条 奶畜养殖者应当确保奶畜符合国务院畜牧兽医主管部门规定的健康标准，并确保奶畜接受强制免疫。

动物疫病预防控制机构应当对奶畜的健康情况进行定期检测；经检测不符合健康标准的，应当立即隔离、治疗或者做无害化处理。

第十六条　奶畜养殖者应当做好奶畜和养殖场所的动物防疫工作，发现奶畜染疫或者疑似染疫的，应当立即报告，停止生鲜乳生产，并采取隔离等控制措施，防止疫病扩散。

奶畜养殖者对奶畜养殖过程中的排泄物、废弃物应当及时清运、处理。

第十七条　奶畜养殖者应当遵守国务院畜牧兽医主管部门制定的生鲜乳生产技术规程。直接从事挤奶工作的人员应当持有有效的健康证明。

奶畜养殖者对挤奶设施、生鲜乳贮存设施等应当及时清洗、消毒，避免对生鲜乳造成污染。

第十八条　生鲜乳应当冷藏。超过 2 小时未冷藏的生鲜乳，不得销售。

第三章　生鲜乳收购

第十九条　省、自治区、直辖市人民政府畜牧兽医主管部门应当根据当地奶源分布情况，按照方便奶畜养殖者、促进规模化养殖的原则，对生鲜乳收购站的建设进行科学规划和合理布局。必要时，可以实行生鲜乳集中定点收购。

国家鼓励乳制品生产企业按照规划布局，自行建设生鲜乳收购站或者收购原有生鲜乳收购站。

第二十条　生鲜乳收购站应当由取得工商登记的乳制品生产企业、奶畜养殖场、奶农专业生产合作社开办，并具备下列条件，取得所在地县级人民政府畜牧兽医主管部门颁发的生鲜乳收购许可证：

（一）符合生鲜乳收购站建设规划布局；

（二）有符合环保和卫生要求的收购场所；

（三）有与收奶量相适应的冷却、冷藏、保鲜设施和低温运输设备；

（四）有与检测项目相适应的化验、计量、检测仪器设备；

（五）有经培训合格并持有有效健康证明的从业人员；

（六）有卫生管理和质量安全保障制度。

生鲜乳收购许可证有效期2年；生鲜乳收购站不再办理工商登记。

禁止其他单位或者个人开办生鲜乳收购站。禁止其他单位或者个人收购生鲜乳。

国家对生鲜乳收购站给予扶持和补贴，提高其机械化挤奶和生鲜乳冷藏运输能力。

第二十一条 生鲜乳收购站应当及时对挤奶设施、生鲜乳贮存运输设施等进行清洗、消毒，避免对生鲜乳造成污染。

生鲜乳收购站应当按照乳品质量安全国家标准对收购的生鲜乳进行常规检测。检测费用不得向奶畜养殖者收取。

生鲜乳收购站应当保持生鲜乳的质量。

第二十二条 生鲜乳收购站应当建立生鲜乳收购、销售和检测记录。生鲜乳收购、销售和检测记录应当包括畜主姓名、单次收购量、生鲜乳检测结果、销售去向等内容，并保存2年。

第二十三条 县级以上地方人民政府价格主管部门应当加

强对生鲜乳价格的监控和通报，及时发布市场供求信息和价格信息。必要时，县级以上地方人民政府建立由价格、畜牧兽医等部门以及行业协会、乳制品生产企业、生鲜乳收购者、奶畜养殖者代表组成的生鲜乳价格协调委员会，确定生鲜乳交易参考价格，供购销双方签订合同时参考。

生鲜乳购销双方应当签订书面合同。生鲜乳购销合同示范文本由国务院畜牧兽医主管部门会同国务院工商行政管理部门制定并公布。

第二十四条　禁止收购下列生鲜乳：

（一）经检测不符合健康标准或者未经检疫合格的奶畜产的；

（二）奶畜产犊7日内的初乳，但以初乳为原料从事乳制品生产的除外；

（三）在规定用药期和休药期内的奶畜产的；

（四）其他不符合乳品质量安全国家标准的。

对前款规定的生鲜乳，经检测无误后，应当予以销毁或者采取其他无害化处理措施。

第二十五条　贮存生鲜乳的容器，应当符合国家有关卫生标准，在挤奶后2小时内应当降温至0-4℃。

生鲜乳运输车辆应当取得所在地县级人民政府畜牧兽医主管部门核发的生鲜乳准运证明，并随车携带生鲜乳交接单。交接单应当载明生鲜乳收购站的名称、生鲜乳数量、交接时间，并由生鲜乳收购站经手人、押运员、司机、收奶员签字。

生鲜乳交接单一式两份，分别由生鲜乳收购站和乳品生产者保存，保存时间2年。准运证明和交接单式样由省、自治区、直辖市人民政府畜牧兽医主管部门制定。

第二十六条　县级以上人民政府应当加强生鲜乳质量安全监测体系建设，配备相应的人员和设备，确保监测能力与监测任务相适应。

第二十七条　县级以上人民政府畜牧兽医主管部门应当加强生鲜乳质量安全监测工作，制定并组织实施生鲜乳质量安全监测计划，对生鲜乳进行监督抽查，并按照法定权限及时公布监督抽查结果。

监测抽查不得向被抽查人收取任何费用，所需费用由同级财政列支。

第四章　乳制品生产

第二十八条　从事乳制品生产活动，应当具备下列条件，取得所在地质量监督部门颁发的食品生产许可证：

（一）符合国家奶业产业政策；

（二）厂房的选址和设计符合国家有关规定；

（三）有与所生产的乳制品品种和数量相适应的生产、包装和检测设备；

（四）有相应的专业技术人员和质量检验人员；

（五）有符合环保要求的废水、废气、垃圾等污染物的处理设施；

（六）有经培训合格并持有有效健康证明的从业人员；

（七）法律、行政法规规定的其他条件。

质量监督部门对乳制品生产企业颁发食品生产许可证，应当征求所在地工业行业管理部门的意见。

未取得食品生产许可证的任何单位和个人，不得从事乳制品生产。

第二十九条　乳制品生产企业应当建立质量管理制度，采取质量安全管理措施，对乳制品生产实施从原料进厂到成品出厂的全过程质量控制，保证产品质量安全。

第三十条　乳制品生产企业应当符合良好生产规范要求。国家鼓励乳制品生产企业实施危害分析与关键控制点体系，提高乳制品安全管理水平。生产婴幼儿奶粉的企业应当实施危害分析与关键控制点体系。

对通过良好生产规范、危害分析与关键控制点体系认证的乳制品生产企业，认证机构应当依法实施跟踪调查；对不再符合认证要求的企业，应当依法撤销认证，并及时向有关主管部门报告。

第三十一条　乳制品生产企业应当建立生鲜乳进货查验制度，逐批检测收购的生鲜乳，如实记录质量检测情况、供货者的名称以及联系方式、进货日期等内容，并查验运输车辆生鲜乳交接单。查验记录和生鲜乳交接单应当保存 2 年。乳制品生产企业不得向未取得生鲜乳收购许可证的单位和个人购进生鲜乳。

乳制品生产企业不得购进兽药等化学物质残留超标，或者含有重金属等有毒有害物质、致病性的寄生虫和微生物、生物毒素以及其他不符合乳品质量安全国家标准的生鲜乳。

　　第三十二条　生产乳制品使用的生鲜乳、辅料、添加剂等，应当符合法律、行政法规的规定和乳品质量安全国家标准。

　　生产的乳制品应当经过巴氏杀菌、高温杀菌、超高温杀菌或者其他有效方式杀菌。

　　生产发酵乳制品的菌种应当纯良、无害，定期鉴定，防止杂菌污染。

　　生产婴幼儿奶粉应当保证婴幼儿生长发育所需的营养成分，不得添加任何可能危害婴幼儿身体健康和生长发育的物质。

　　第三十三条　乳制品的包装应当有标签。标签应当如实标明产品名称、规格、净含量、生产日期，成分或者配料表，生产企业的名称、地址、联系方式，保质期，产品标准代号，贮存条件，所使用的食品添加剂的化学通用名称，食品生产许可证编号，法律、行政法规或者乳品质量安全国家标准规定必须标明的其他事项。

　　使用奶粉、黄油、乳清粉等原料加工的液态奶，应当在包装上注明；使用复原乳作为原料生产液态奶的，应当标明"复原乳"字样，并在产品配料中如实标明复原乳所含原料及比例。

　　婴幼儿奶粉标签还应当标明主要营养成分及其含量，详细说明使用方法和注意事项。

第三十四条 出厂的乳制品应当符合乳品质量安全国家标准。

乳制品生产企业应当对出厂的乳制品逐批检验,并保存检验报告,留取样品。检验内容应当包括乳制品的感官指标、理化指标、卫生指标和乳制品中使用的添加剂、稳定剂以及酸奶中使用的菌种等;婴幼儿奶粉在出厂前还应当检测营养成分。对检验合格的乳制品应当标识检验合格证号;检验不合格的不得出厂。检验报告应当保存2年。

第三十五条 乳制品生产企业应当如实记录销售的乳制品名称、数量、生产日期、生产批号、检验合格证号、购货者名称及其联系方式、销售日期等。

第三十六条 乳制品生产企业发现其生产的乳制品不符合乳品质量安全国家标准、存在危害人体健康和生命安全危险或者可能危害婴幼儿身体健康或者生长发育的,应当立即停止生产,报告有关主管部门,告知销售者、消费者,召回已经出厂、上市销售的乳制品,并记录召回情况。

乳制品生产企业对召回的乳制品应当采取销毁、无害化处理等措施,防止其再次流入市场。

第五章 乳制品销售

第三十七条 从事乳制品销售应当按照食品安全监督管理的有关规定,依法向工商行政管理部门申请领取有关证照。

第三十八条 乳制品销售者应当建立并执行进货查验制度,

审验供货商的经营资格，验明乳制品合格证明和产品标识，并建立乳制品进货台账，如实记录乳制品的名称、规格、数量、供货商及其联系方式、进货时间等内容。从事乳制品批发业务的销售企业应当建立乳制品销售台账，如实记录批发的乳制品的品种、规格、数量、流向等内容。进货台账和销售台账保存期限不得少于2年。

第三十九条 乳制品销售者应当采取措施，保持所销售乳制品的质量。

销售需要低温保存的乳制品的，应当配备冷藏设备或者采取冷藏措施。

第四十条 禁止购进、销售无质量合格证明、无标签或者标签残缺不清的乳制品。

禁止购进、销售过期、变质或者不符合乳品质量安全国家标准的乳制品。

第四十一条 乳制品销售者不得伪造产地，不得伪造或者冒用他人的厂名、厂址，不得伪造或者冒用认证标志等质量标志。

第四十二条 对不符合乳品质量安全国家标准、存在危害人体健康和生命安全或者可能危害婴幼儿身体健康和生长发育的乳制品，销售者应当立即停止销售，追回已经售出的乳制品，并记录追回情况。

乳制品销售者自行发现其销售的乳制品有前款规定情况的，还应当立即报告所在地工商行政管理等有关部门，通知乳制品生产企业。

第四十三条 乳制品销售者应当向消费者提供购货凭证，履行不合格乳制品的更换、退货等义务。

乳制品销售者依照前款规定履行更换、退货等义务后，属于乳制品生产企业或者供货商的责任的，销售者可以向乳制品生产企业或者供货商追偿。

第四十四条 进口的乳品应当按照乳品质量安全国家标准进行检验；尚未制定乳品质量安全国家标准的，可以参照国家有关部门指定的国外有关标准进行检验。

第四十五条 出口乳品的生产者、销售者应当保证其出口乳品符合乳品质量安全国家标准的同时还符合进口国家（地区）的标准或者合同要求。

第六章 监督检查

第四十六条 县级以上人民政府畜牧兽医主管部门应当加强对奶畜饲养以及生鲜乳生产环节、收购环节的监督检查。县级以上质量监督检验检疫部门应当加强对乳制品生产环节和乳品进出口环节的监督检查。县级以上工商行政管理部门应当加强对乳制品销售环节的监督检查。县级以上食品药品监督部门应当加强对乳制品餐饮服务环节的监督管理。监督检查部门之间，监督检查部门与其他有关部门之间，应当及时通报乳品质量安全监督管理信息。

畜牧兽医、质量监督、工商行政管理等部门应当定期开展监督抽查，并记录监督抽查的情况和处理结果。需要对乳品进行抽样检查的，不得收取任何费用，所需费用由同级财政列支。

第四十七条　畜牧兽医、质量监督、工商行政管理等部门在依据各自职责进行监督检查时，行使下列职权：

（一）实施现场检查；

（二）向有关人员调查、了解有关情况；

（三）查阅、复制有关合同、票据、账簿、检验报告等资料；

（四）查封、扣押有证据证明不符合乳品质量安全国家标准的乳品以及违法使用的生鲜乳、辅料、添加剂；

（五）查封涉嫌违法从事乳品生产经营活动的场所，扣押用于违法生产经营的工具、设备；

（六）法律、行政法规规定的其他职权。

第四十八条　县级以上质量监督部门、工商行政管理部门在监督检查中，对不符合乳品质量安全国家标准、存在危害人体健康和生命安全危险或者可能危害婴幼儿身体健康和生长发育的乳制品，责令并监督生产企业召回、销售者停止销售。

第四十九条　县级以上人民政府价格主管部门应当加强对生鲜乳购销过程中压级压价、价格欺诈、价格串通等不正当价格行为的监督检查。

第五十条　畜牧兽医主管部门、质量监督部门、工商行政管理部门应当建立乳品生产经营者违法行为记录，及时提供给中国人民银行，由中国人民银行纳入企业信用信息基础数据库。

第五十一条　省级以上人民政府畜牧兽医主管部门、质量监督部门、工商行政管理部门依据各自职责，公布乳品质量安全监督管理信息。有关监督管理部门应当及时向同级卫生主管部门通报乳品质量安全事故信息；乳品质量安全重大事故信息由省级以上人民政府卫生主管部门公布。

第五十二条　有关监督管理部门发现奶畜养殖者、生鲜乳收购者、乳制品生产企业和销售者涉嫌犯罪的，应当及时移送公安机关立案侦查。

第五十三条　任何单位和个人有权向畜牧兽医、卫生、质量监督、工商行政管理、食品药品监督等部门举报乳品生产经营中的违法行为。畜牧兽医、卫生、质量监督、工商行政管理、食品药品监督等部门应当公布本单位的电子邮件地址和举报电话；对接到的举报，应当完整地记录、保存。

接到举报的部门对属于本部门职责范围内的事项，应当及时依法处理，对于实名举报，应当及时答复；对不属于本部门职责范围内的事项，应当及时移交有权处理的部门，有权处理的部门应当立即处理，不得推诿。

第七章　法律责任

第五十四条　生鲜乳收购者、乳制品生产企业在生鲜乳收购、乳制品生产过程中，加入非食品用化学物质或者其他可能危害人体健康的物质，依照刑法第一百四十四条的规定，构成犯罪的，依法追究刑事责任，并由发证机关吊销许可证照；尚不构成犯罪的，由畜牧兽医主管部门、质量监督部门依据各自职责没收违法所得和违法生产的乳品，以及相关的工具、设备等物品，并处违法乳品货值金额15倍以上30倍以下罚款，由发证机关吊销许可证照。

第五十五条 生产、销售不符合乳品质量安全国家标准的乳品，依照刑法第一百四十三条的规定，构成犯罪的，依法追究刑事责任，并由发证机关吊销许可证照；尚不构成犯罪的，由畜牧兽医主管部门、质量监督部门、工商行政管理部门依据各自职责没收违法所得、违法乳品和相关的工具、设备等物品，并处违法乳品货值金额10倍以上20倍以下罚款，由发证机关吊销许可证照。

第五十六条 乳制品生产企业违反本条例第三十六条的规定，对不符合乳品质量安全国家标准、存在危害人体健康和生命安全或者可能危害婴幼儿身体健康和生长发育的乳制品，不停止生产、不召回的，由质量监督部门责令停止生产、召回；拒不停止生产、拒不召回的，没收其违法所得、违法乳制品和相关的工具、设备等物品，并处违法乳制品货值金额15倍以上30倍以下罚款，由发证机关吊销许可证照。

第五十七条 乳制品销售者违反本条例第四十二条的规定，对不符合乳品质量安全国家标准、存在危害人体健康和生命安全或者可能危害婴幼儿身体健康和生长发育的乳制品，不停止销售、不追回的，由工商行政管理部门责令停止销售、追回；拒不停止销售、拒不追回的，没收其违法所得、违法乳制品和相关的工具、设备等物品，并处违法乳制品货值金额15倍以上30倍以下罚款，由发证机关吊销许可证照。

第五十八条　违反本条例规定，在婴幼儿奶粉生产过程中，加入非食品用化学物质或其他可能危害人体健康的物质的，或者生产、销售的婴幼儿奶粉营养成分不足、不符合乳品质量安全国家标准的，依照本条例规定，从重处罚。

第五十九条　奶畜养殖者、生鲜乳收购者、乳制品生产企业和销售者在发生乳品质量安全事故后未报告、处置的，由畜牧兽医、质量监督、工商行政管理、食品药品监督等部门依据各自职责，责令改正，给予警告；毁灭有关证据的，责令停产停业，并处10万元以上20万元以下罚款；造成严重后果的，由发证机关吊销许可证照；构成犯罪的，依法追究刑事责任。

第六十条　有下列情形之一的，由县级以上地方人民政府畜牧兽医主管部门没收违法所得、违法收购的生鲜乳和相关的设备、设施等物品，并处违法乳品货值金额5倍以上10倍以下罚款；有许可证照的，由发证机关吊销许可证照：

（一）未取得生鲜乳收购许可证收购生鲜乳的；

（二）生鲜乳收购站取得生鲜乳收购许可证后，不再符合许可条件继续从事生鲜乳收购的；

（三）生鲜乳收购站收购本条例第二十四条规定禁止收购的生鲜乳的。

第六十一条　乳制品生产企业和销售者未取得许可证，或者取得许可证后不按照法定条件、法定要求从事生产销售活动的，由县级以上地方质量监督部门、工商行政管理部门依照《国务院关于加强食品等产品安全监督管理的特别规定》等法律、行政法规的规定处罚。

第六十二条　畜牧兽医、卫生、质量监督、工商行政管理等部门，不履行本条例规定职责、造成后果的，或者滥用职权、有其他渎职行为的，由监察机关或者任免机关对其主要负责人、直接负责的主管人员和其他直接责任人员给予记大过或者降级的处分；造成严重后果的，给予撤职或者开除的处分；构成犯罪的，依法追究刑事责任。

第八章　附　则

第六十三条　草原牧区放牧饲养的奶畜所产的生鲜乳收购办法，由所在省、自治区、直辖市人民政府参照本条例另行制定。

第六十四条　本条例自公布之日起施行。

附 录

生鲜乳生产收购管理办法

中华人民共和国农业部令

第 15 号

《生鲜乳生产收购管理办法》已经 2008 年 11 月 4 日农业部第 8 次常务会议审议通过,现予发布,自公布之日起施行。

中华人民共和国农业部
二〇〇八年十一月七日

第一章 总 则

第一条 为加强生鲜乳生产收购管理,保证生鲜乳质量安全,促进奶业健康发展,根据《乳品质量安全监督管理条例》,制定本办法。

第二条 本办法所称生鲜乳,是指未经加工的奶畜原奶。

第三条 在中华人民共和国境内从事生鲜乳生产、收购、贮存、运输、出售活动,应当遵守本办法。

第四条 奶畜养殖者、生鲜乳收购者、生鲜乳运输者对其生产、收购、运输和销售的生鲜乳质量安全负责,是生鲜乳质量安全的第一责任者。

第五条 县级以上人民政府畜牧兽医主管部门负责奶畜饲养以及生鲜乳生产环节、收购环节的监督管理。

县级以上人民政府其他有关部门在各自职责范围内负责生鲜乳质量安全监督管理的其他工作。

第六条 生产、收购、贮存、运输、销售的生鲜乳,应当符合乳品质量安全国家标准。

禁止在生鲜乳生产、收购、贮存、运输、销售过程中添加任何物质。

第七条 省级人民政府畜牧兽医主管部门会同发展改革部门、工业和信息化部门、商务部门,制定本行政区域的奶业发展规划,加强奶源基地建设,鼓励和支持标准化规模养殖,完善服务体系,促进奶业健康发展。

县级以上地方人民政府应当根据全国和省级奶业发展规划,合理确定本行政区域内奶畜养殖规模,科学安排生鲜乳的生产、收购布局。

第八条 奶业协会应当加强行业自律,推动行业诚信建设,引导、规范奶畜养殖者、生鲜乳收购者依法生产经营。

第二章 生鲜乳生产

第九条 地方畜牧兽医技术推广机构,应当结合当地奶畜发展需要,向奶畜养殖者提供奶畜品种登记、奶牛生产性能测定、青粗饲料生产与利用、标准化养殖、奶畜疫病防治、粪便无害化处理等技术服务，并开展相关技术培训。

鼓励大专院校、科研院所、乳制品生产企业及其他相关生产经营者为养殖者提供所需的服务。

第十条 奶畜养殖场、养殖小区，应当符合法律、行政法规规定的条件，并向县级人民政府畜牧兽医主管部门或者其委托的畜牧技术推广机构备案，获得奶畜养殖代码。

鼓励乳制品生产企业建立自己的奶源基地，按照良好规范要求实施标准化生产和管理。

第十一条 奶畜养殖场应当按照《乳品质量安全监督管理条例》第十三条规定建立养殖档案，准确填写有关信息，做好档案保存工作。奶畜养殖小区应当逐步建立养殖档案。

县级人民政府畜牧兽医主管部门应当督促和指导奶畜养殖场、奶畜养殖小区依法建立科学、规范的养殖档案。

第十二条 从事奶畜养殖，不得在饲料、饲料添加剂、兽药中添加动物源性成分（乳及乳制品除外），不得添加对动物和人体具有直接或者潜在危害的物质。

第十三条 奶畜养殖者应当遵守农业部制定的生鲜乳生产技术规程。直接从事挤奶工作的人员应当持有有效的健康证明。

奶畜养殖者对挤奶设施、生鲜乳贮存设施等应当在使用前后及时进行清洗、消毒，避免对生鲜乳造成污染，并建立清洗、消毒记录。

第十四条 挤奶完成后，生鲜乳应当储存在密封的容器中，并及时做降温处理，使其温度保持在0-4℃之间。超过2小时未冷藏的，不得销售。

第十五条　奶畜养殖者可以向符合本办法规定的生鲜乳收购站出售自养奶畜产的生鲜乳。

第十六条　禁止出售下列生鲜乳：

（一）经检测不符合健康标准或者未经检疫合格的奶畜产的；

（二）奶畜产犊 7 日内的初乳，但以初乳为原料从事乳制品生产的除外；

（三）在规定用药期和休药期内的奶畜产的；

（四）添加其他物质和其他不符合乳品质量安全国家标准的。

第三章　生鲜乳收购

第十七条　省级人民政府畜牧兽医主管部门应当根据当地奶源分布情况，按照方便奶畜养殖者、促进规模化养殖的原则，制定生鲜乳收购站建设规划，对生鲜乳收购站进行科学合理布局。

县级人民政府畜牧兽医主管部门应当根据本省的生鲜乳收购站建设规划，结合本地区奶畜存栏量、日产奶量、运输半径等因素，确定生鲜乳收购站的建设数量和规模，并报省级人民政府畜牧兽医主管部门批准。

第十八条　取得工商登记的乳制品生产企业、奶畜养殖场、奶农专业生产合作社开办生鲜乳收购站，应当符合法定条件，向所在地县级人民政府畜牧兽医主管部门提出申请，并提交以下材料：

（一）开办生鲜乳收购站申请；

（二）生鲜乳收购站平面图和周围环境示意图；

（三）冷却、冷藏、保鲜设施和低温运输设备清单；

（四）化验、计量、检测仪器设备清单；

（五）开办者的营业执照复印件和法定代表人身份证明复印件；

（六）从业人员的培训证明和有效的健康证明；

（七）卫生管理和质量安全保障制度。

第十九条 县级人民政府畜牧兽医主管部门应当自受理申请材料之日起20日内，完成申请材料的审核和对生鲜乳收购站的现场核查。符合规定条件的，向申请人颁发生鲜乳收购许可证，并报省级人民政府畜牧兽医主管部门备案。不符合条件的，书面通知当事人，并说明理由。

第二十条 生鲜乳收购许可证有效期2年。有效期满后，需要继续从事生鲜乳收购的，应当在生鲜乳收购许可证有效期满30日前，持原证重新申请。重新申请的程序与原申请程序相同。

生鲜乳收购站的名称或者负责人变更的，应当向原发证机关申请换发生鲜乳收购许可证，并提供相应证明材料。

第二十一条 生鲜乳收购站的挤奶设施和生鲜乳贮存设施使用前应当消毒并晾干，使用后1小时内应当清洗、消毒并晾干；不用时，用防止污染的方法存放好，避免对生鲜乳造成污染。

生鲜乳收购站使用的洗涤剂、消毒剂、杀虫剂和其他控制害虫的产品应当确保不对生鲜乳造成污染。

第二十二条 生鲜乳收购站应当按照乳品质量安全国家标准对收购的生鲜乳进行感官、酸度、密度、含碱等常规检测。检测费用由生鲜乳收购站自行承担，不得向奶畜养殖者收取，或者变相转嫁给奶畜养殖者。

第二十三条 生鲜乳收购站应当建立生鲜乳收购、销售和检测记录，并保存2年。

生鲜乳收购记录应当载明生鲜乳收购站名称及生鲜乳收购许可证编号、畜主姓名、单次收购量、收购日期和时点。

生鲜乳销售记录应当载明生鲜乳装载量、装运地、运输车辆牌照、承运人姓名、装运时间、装运时生鲜乳温度等内容。

生鲜乳检测记录应当载明检测人员、检测项目、检测结果、检测时间。

第二十四条 生鲜乳收购站收购的生鲜乳应当符合乳品质量安全国家标准。不符合乳品质量安全国家标准的生鲜乳，经检测无误后，应当在当地畜牧兽医主管部门的监督下销毁或者采取其他无害化处理措施。

第二十五条 贮存生鲜乳的容器，应当符合散装乳冷藏罐国家标准。

第四章 生鲜乳运输

第二十六条 运输生鲜乳的车辆应当取得所在地县级人民政府畜牧兽医主管部门核发的生鲜乳准运证明。无生鲜乳准运证明的车辆，不得从事生鲜乳运输。

生鲜乳运输车辆只能用于运送生鲜乳和饮用水，不得运输其他物品。

生鲜乳运输车辆使用前后应当及时清洗消毒。

第二十七条 生鲜乳运输车辆应当具备以下条件：

（一）奶罐隔热、保温，内壁由防腐蚀材料制造，对生鲜乳质量安全没有影响；

（二）奶罐外壁用坚硬光滑、防腐、可冲洗的防水材料制造；

（三）奶罐设有奶样存放舱和装备隔离箱，保持清洁卫生，避免尘土污染；

（四）奶罐密封材料耐脂肪、无毒，在温度正常的情况下具有耐清洗剂的能力；

（五）奶车顶盖装置、通气和防尘罩设计合理，防止奶罐和生鲜乳受到污染。

第二十八条 生鲜乳运输车辆的所有者，应当向所在地县级人民政府畜牧兽医主管部门提出生鲜乳运输申请。县级人民政府畜牧兽医主管部门应当自受理申请之日起5日内，对车辆进行检查，符合规定条件的，核发生鲜乳准运证明。不符合条件的，书面通知当事人，并说明理由。

第二十九条 从事生鲜乳运输的驾驶员、押运员应当持有有效的健康证明，并具有保持生鲜乳质量安全的基本知识。

第三十条 生鲜乳运输车辆应当随车携带生鲜乳交接单。生鲜乳交接单应当载明生鲜乳收购站名称、运输车辆牌照、装运数量、装运时间、装运时生鲜乳温度等内容，并由生鲜乳收购站经手人、押运员、驾驶员、收奶员签字。

第三十一条 生鲜乳交接单一式两份，分别由生鲜乳收购站和乳品生产者保存，保存时间2年。

第五章 监督检查

第三十二条 县级以上人民政府畜牧兽医主管部门应当加强对奶畜饲养以及生鲜乳生产、收购环节的监督检查，定期开展生鲜乳质量检测抽查，并记录监督抽查的情况和处理结果。需要对生鲜乳进行抽样检查的，不得收取任何费用。

第三十三条 县级以上人民政府畜牧兽医主管部门在进行监督检查时，行使下列职权：

（一）对奶畜养殖场所、生鲜乳收购站、生鲜乳运输车辆实施现场检查；

（二）向有关人员调查、了解有关情况；

（三）查阅、复制养殖档案、生鲜乳收购记录、购销合同、检验报告、生鲜乳交接单等资料；

（四）查封、扣押有证据证明不符合乳品质量安全标准的生鲜乳；

（五）查封涉嫌违法从事生鲜乳生产经营活动的场所，扣押用于违法生产、收购、贮存、运输生鲜乳的车辆、工具、设备；

（六）法律、行政法规规定的其他职权。

第三十四条 畜牧兽医主管部门应当建立生鲜乳生产者、收购者、运输者违法行为记录，及时提供给中国人民银行，由中国人民银行纳入企业信用信息基础数据库。

第三十五条 省级以上人民政府畜牧兽医主管部门应当依法公布生鲜乳质量安全监督管理信息，并及时向同级卫生主管部门通报生鲜乳质量安全事故信息。

第三十六条 县级以上人民政府畜牧兽医主管部门发现奶畜养殖者和生鲜乳收购者、运输者、销售者涉嫌犯罪的，应当及时移送公安机关立案侦查。

第三十七条 任何单位和个人有权向畜牧兽医主管部门举

报生鲜乳生产经营中的违法行为。各级畜牧兽医主管部门应当公布本单位的电子邮件地址或者举报电话；对接到的举报，应当完整地记录、保存。

各级畜牧兽医主管部门收到举报的，对属于本部门职责范围内的事项，应当及时依法查处，对于实名举报，应当及时答复；对不属于本部门职责范围内的事项，应当及时移交有权处理的部门。

第三十八条 县级人民政府畜牧兽医主管部门在监督检查中发现生鲜乳运输车辆不符合规定条件的，应当收回生鲜乳准运证明，或者通报核发生鲜乳准运证明的畜牧兽医主管部门收回，同时通报有关乳制品加工企业。

第三十九条 其他违反本办法规定的行为，依照《畜牧法》、《乳品质量安全监督管理条例》的有关规定进行处罚。

第六章 附 则

第四十条 本办法自发布之日起施行。

生鲜乳生产收购记录和进货查验制度

农业部办公厅关于印发《生鲜乳生产收购记录和进货查验制度》的通知

农办牧〔2011〕13号

各省、自治区、直辖市畜牧（农牧、农业）厅（局、委、办）、新疆生产建设兵团畜牧兽医局：

按照《国务院办公厅关于进一步加强乳品质量安全工作的通知》（国办发〔2010〕42号），我部组织制定了《生鲜乳生产收购记录和进货查验制度》，现印发给你们，请遵照执行。

二〇一一年四月十一日

第一条 为加强生鲜乳质量安全监管，增强生鲜乳质量安全的可追溯性，提高奶畜养殖者、生鲜乳收购者等第一责任者意识，根据《乳品质量安全监督管理条例》、《国务院办公厅关于进一步加强乳品质量安全工作的通知》（国办发〔2010〕42号）等规定，制定本制度。

第二条 奶畜养殖场（小区）采购兽药、饲料和饲料添加剂等投入品（以下简称投入品），以及生鲜乳收购站收购、运输生鲜乳应当遵守本制度。

第三条 奶畜养殖场（小区）采购投入品时，应当查验供货商的生产（或经营）许可证、营业执照、产品批准证明文件、检验报告等资质材料，采购进口投入品还需查验进口兽药登记许可证或饲料和饲料添加剂产品进口登记证，并建立投入品供货商信息档案或记录。

第四条 奶畜养殖场（小区）采购兽药，应当现场查验并确认符合下列要求：

（一）包装完整，并按照规定印有或者贴有标签，附有说明书，字样清晰；

（二）标签或者说明书的内容与兽药行政管理部门核准的内容相符；

（三）附具产品质量合格证；

（四）在保质期内。

第五条 奶畜养殖场（小区）采购饲料和饲料添加剂，应当现场查验并确认符合下列要求：

（一）包装完整无破损；

（二）附具产品质量合格证；

（三）附具符合国家规定的饲料标签，进口饲料和饲料添加剂附具中文标签；

（四）在保质期内，且无霉变、结块。

第六条 现场查验合格后，奶畜养殖场（小区）应当填写《兽药、饲料和饲料添加剂进货记录》。

第七条 投入品供货商未提供第三条规定的资质材料的，或现场查验确认投入品不符合第四条和第五条规定的，奶畜养殖场（小区）不得采购。

第八条　奶畜养殖场（小区）不得采购违禁添加物或禁用的兽药、饲料和饲料添加剂以及其他对动物和人体具有直接或者潜在危害的物质。

第九条　生鲜乳收购站收购生鲜乳，应当查验奶畜强制免疫情况。奶畜养殖场（小区）应当提供具备符合国家规定的动物防疫条件合格证，生鲜乳收购站应当留存复印件。

第十条　生鲜乳收购站应当建立生鲜乳交售人信息档案或记录。

第十一条　生鲜乳收购站收购生鲜乳，应当按照现行标准或规范进行生鲜乳的抽样和留样，并按照《生乳》国家标准进行酸度、密度、含碱等常规检测，并填写《生鲜乳收购记录》、《生鲜乳检测记录》和《生鲜乳留样记录》。

第十二条　生鲜乳收购站收购的生鲜乳应当符合《生乳》国家标准。不符合《生乳》国家标准的生鲜乳，经有资质的质检机构检测无误后，应当在当地畜牧兽医部门的监督下进行无害化处理，并填写《不合格生鲜乳处理记录》。

第十三条　生鲜乳收购站向乳制品生产企业销售生鲜乳，应当填写《生鲜乳销售记录》。生鲜乳购销双方应当参照农业部、国家工商总局联合制定的《生鲜乳购销合同》示范文本签订购销合同。

第十四条　生鲜乳收购站应当对挤奶设施、生鲜乳贮存运输设施、挤奶厅和周边环境等进行定期清洗消毒，避免对生鲜乳造成污染，并填写《设施设备清洗消毒记录》。

第十五条　生鲜乳运输应当符合下列要求：

（一）运输车辆应当携带生鲜乳准运证明，并与运输车辆牌照一致；

（二）运输车辆应当携带交接单，内容真实；

（三）生鲜乳贮存罐应当密封完好，保持低温；

（四）运输车辆的驾驶员、押运员应当持有有效的健康证明，并具有保持生鲜乳质量安全的基本知识。

第十六条 县级以上人民政府畜牧兽医部门应当加强对奶畜饲养以及生鲜乳生产、收购和运输环节的监督检查。

第十七条 县级以上人民政府畜牧兽医部门在进行监督检查时，行使下列职权：

（一）对奶畜养殖场所、生鲜乳收购站、生鲜乳运输车辆实施现场检查；

（二）向有关人员调查、了解有关情况；

（三）查阅、复印养殖档案、生鲜乳收购记录、留样记录、检测记录、购销合同、生鲜乳交接单等资料；

（四）查封、扣押有证据证明不符合乳品质量安全标准的生鲜乳；

（五）查封涉嫌违法从事生鲜乳生产经营活动的场所，扣押违法生产、收购、贮存、运输生鲜乳的车辆、工具、设备；

（六）法律、行政法规规定的其他职权。

第十八条 违反本制度规定的行为，依照《乳品质量安全监督管理条例》、《生鲜乳生产收购管理办法》等规定进行处罚。

第十九条 本制度自发布之日起施行。

生鲜乳生产技术规程（试行）

农业部办公厅关于印发《生鲜乳生产技术规程（试行）》的通知

农办牧〔2008〕68号

各省（自治区、直辖市）畜牧（农牧、农业、农林）厅（局、委、办），新疆生产建设兵团畜牧兽医局，中国奶业协会：

　　生鲜乳生产环节质量控制与乳品质量安全紧密相关。为进一步规范生鲜乳生产，推进标准化规模养殖，提高生鲜乳质量安全水平，按照《乳品质量安全监督管理条例》的要求，我们组织制定了《生鲜乳生产技术规程（试行）》。现印发给你们，请结合生产实际，参照执行，并及时向农业部畜牧业司反馈执行过程中遇到的实际问题。

二〇〇八年十月二十九日

　　为严格实施《乳品质量安全监督管理条例》，规范生鲜乳生产过程中环境控制，饲料与饲养管理，挤奶操作，贮存与运输，疫病防治等技术环节，特制定《生鲜乳生产技术规程（试行）》。该规程以《生鲜牛乳质量管理规范》（NY/T 1172-2006）、《奶牛饲养标准》（NY/T 34-2004）、《奶牛标准化规模养殖生产技术规范（试行）》等标准为基础，重点对生鲜牛乳生产技术加以规范。其他奶畜生鲜乳生产参照此规程实施。

1 奶牛场选址设计与环境

奶牛场的建设与环境控制是生鲜牛乳质量安全的保障。奶牛场的规划建设要利于生产发展，符合动物防疫条件要求，不污染周围环境。鼓励适度规模的奶牛养殖小区向奶牛养殖场、各种形式的奶牛合作社过渡。

1.1 选址

1.1.1 原则符合当地土地利用发展规划，与农牧业发展规划、农田基本建设规划等相结合，科学选址，合理布局。

1.1.2 地势选择总体平坦、地势高燥、背风向阳、排水通畅、环境安静，具有一定缓坡的地方，不宜建在低凹、风口处。

1.1.3 水源应有充足并符合卫生要求的水源，取用方便，能够保证生产、生活用水。

1.1.4 土质以沙壤土、沙土较适宜，不宜在黏土地带建设。

1.1.5 气象要综合考虑当地的气象因素，如最高温度、最低温度、湿度、年降雨量、主风向、风力等，选择有利地势。

1.1.6 交通交通便利，但与公路主干线距离不小于500米。

1.1.7 周边环境应距居民点1000米以上，且位于下风处，远离其他畜禽养殖场，周围1500米以内无化工厂、畜产品加工厂、畜禽交易市场、屠宰厂、垃圾及污水处理场所、兽医院等容易产生污染的企业和单位，距离风景旅游区、自然保护区以及水源保护区2000米以上。

1.2 布局奶牛场一般包括生活管理区、辅助生产区、生产区、粪污处理区和病畜隔离区等功能区。养殖小区实行集中机械挤奶，统一饲养管理。

1.2.1 生活管理区包括与经营管理有关的建筑物。应建在奶牛场上风处和地势较高地段，并与生产区严格分开，保证50米以上距离。

1.2.2 辅助生产区主要包括供水、供电、供热、维修、草料库等设施，要紧靠生产区。干草库、饲料库、饲料加工调制车间、青贮窖应设在生产区边沿下风地势较高处。

1.2.3 生产区主要包括牛舍、挤奶厅、人工授精室和兽医室等生产性建筑。应设在场区的下风位置，入口处设人员消毒室、更衣室和车辆消毒池。生产区奶牛舍要合理布局，能够满足奶牛分阶段、分群饲养的要求，泌乳牛舍应靠近挤奶厅，各牛舍之间要保持适当距离，布局整齐，以便防疫和防火。

1.2.4 粪污处理、病畜隔离区主要包括隔离牛舍、病死牛处理及粪污储存与处理设施。应设在生产区外围下风地势低处，与生产区保持100米以上的间距。粪尿污水处理、病牛隔离区应有单独通道，便于病牛隔离、消毒和污物处理。

1.3 奶牛场内环境

1.3.1 道路场区内净道和污道要严格分开，避免交叉。净道主要用于牛群周转、饲养员行走和运料等。污道主要用于粪污、废弃疫苗药物和病死牛等废弃物出场。

1.3.2 牛舍牛舍内的温度、湿度和气流（风速）应满足奶牛不同生长和生理阶段的要求；保证牛舍的自然采光，夏季应避免直射光，冬季应增加直射光；控制灰尘和有毒、有害气体的含量。

1.3.3 牛床牛床应有一定厚度的垫料，坡度达到1°-1.5°。

1.3.4 水质牛场用水水质要达到《生活饮用水卫生标准》（GB 5749-2006）。

1.3.5 运动场地面平坦，中央高，向四周方向有一定的缓坡或从靠近牛舍的一侧向外侧有一定的缓坡，具有良好的渗水性和弹性，易于保持干燥。可采用三合土、立砖或沙土铺面。应经常清理运动场的粪便，防止饮水槽跑、冒、滴、漏造成饮水区的泥泞，保证奶牛体表的清洁。四周应建有排水沟。

1.3.6 牛场排水场内雨水可采用明沟排放，污水采用三级沉淀系统处理。

1.3.7 粪污堆放和处理粪污应遵循减量化、无害化和资源化利用的原则，安排专门场地，采用粪尿分离方式处理。粪呈固态贮放，最好采用硬化地面。固态粪便以高温堆肥发酵处理为主，远离各类功能地表水体（距离不得小于400米），并应设在养殖场生产及生活管理区的常年主导风向的下风向或侧风向处，最好在农田附近。

2 选育与繁殖

2.1 母牛选留要求

2.1.1 母犊牛初生重应达到品种标准要求，身体健康，发育正常，无任何生理缺陷，三代系谱清楚且无明显缺陷。

2.1.2 后备牛根据母牛的体尺、体重、生长发育和系谱资料进行选留和淘汰。主要指标包括6月龄、第一次配种（15-18月龄）的体尺、体重。各项指标须达到品种标准。

2.2 冻精选择

2.2.1 种公牛提倡选用优秀种公牛,最好选择有后裔测定成绩的公牛。

2.2.2 细管冻精细管冷冻精液应符合《牛冷冻精液》标准(GB 4143-2008),标注生产种公牛站名称或代码、种公牛号和生产日期等内容。

2.3 繁殖

2.3.1 发情配种配种员要定时观察母牛发情情况,并及时进行配种。

2.3.2 繁殖障碍防治对发情异常与久配不孕的母牛进行直肠检查,及时对症治疗。

2.3.3 产后监护包括产道损伤、胎衣排出、产后瘫痪、恶露排出和炎症检查等。

3 饲料与日粮配制

饲料与日粮是奶牛生产的基础,直接关系生鲜牛乳的质量。饲料配制必须以满足奶牛健康为前提,根据奶牛生产各阶段的营养需求加以调整。

3.1 饲料类型在生产上常用饲料一般分为粗饲料(包括青绿饲料、青贮饲料、干草和秸秆等)和精饲料(指玉米等能量饲料、豆粕等蛋白类饲料以及矿物质饲料和维生素等饲料添加剂)等。

3.2 全年的饲料需要量为确保奶牛饲料常年均衡供应,尽可能采用适合本地区的经济、高效的平衡日粮。根据各阶段牛的饲料需要量,制定全年饲料生产、储备和供应计划。各阶段奶牛年头均主要饲料需要量见下表。

各阶段奶牛年头均主要饲料需要量

单位：千克

阶段	饲料		
	精饲料	羊草	苜蓿干草
成年牛	2200-2500	1500-2000	1100-1500
青年牛	1000-1200	1500-2200	400-600
育成牛	900-1000	1000-1400	
犊牛	300-330	300-400	

阶段	饲料			
	青贮玉米	糟渣类	块根、块茎类	牛乳
成年牛	6000-8000	2000-3000	500-1000	300-400
青年牛	2500-3000			
育成牛	1800-2000			
犊牛				

1. 本数据适用于年产奶量 5000 千克以上的母牛。

2. 精饲料中能量饲料占 55%-65%，蛋白质饲料占 25%-35%，复合预混料占 4%-5%。

3. 犊牛饲料是犊牛期 6 个月的需要量。

3.3 粗饲料的收获、加工、调制与储存管理优质粗饲料是保证奶牛高产、瘤胃健康以及改善生鲜牛乳质量的重要饲料。在奶牛生产中，鼓励增加优质牧草的使用量，满足奶牛合成乳脂和乳蛋白的需要。

3.3.1 干草禾本科牧草应在抽穗期收割,豆科牧草应于初花现蕾期刈割。割后应及时晾晒,打捆后放在棚内贮藏,也可露天堆垛,应避免发霉变质。垛基应用秸秆或石头铺垫,垛顶应封好。

3.3.2 青贮饲料主要有玉米青贮和半干苜蓿青贮两种。我国目前制作的青贮饲料多为玉米青贮。

3.3.2.1 原料要求青贮玉米适宜收割期为乳熟后期至蜡熟前期。入窖时原料水分应控制在70%左右。青贮原料应含一定的可溶性糖（>2%),含糖量不足时,应掺入含糖量较高的青绿饲料或添加适量淀粉、糖蜜等。

3.3.2.2 铡切长度青贮前,原料要切碎至1-2厘米,不宜切得过长。

3.3.2.3 压实和密封填料时,应边装料边用装载机或链轨推土机层层压实,避免雨淋。可用防老化的双层塑料布覆盖密封,不漏气、不渗水,塑料布表面应覆盖压实。

3.3.3 农作物秸秆农作物秸秆的加工处理包括物理、化学和微生物处理方法。

3.3.3.1 物理处理主要包括切短、粉碎、揉碎、压块、制粒和膨化。

3.3.3.2 化学处理主要包括石灰液处理、氢氧化钠液处理、氨化处理。氨化处理多用液氨、氨水、尿素等。

3.3.3.3 生物处理主要是黄贮和秸秆微贮技术。

3.4 保证生鲜牛乳质量的饲料原料控制

3.4.1 饲料原料要求禁止在饲料和饮用水中添加国家禁用的药物以及其他对动物和人体具有直接或者潜在危害的物质。

禁止在饲料中添加肉骨粉、骨粉、肉粉、血粉、血浆粉、动物下脚料、动物脂肪、干血浆及其他血浆制品、脱水蛋白、蹄粉、角粉、鸡杂碎粉、羽毛粉、油渣、鱼粉、骨胶等动物源性成份（乳及乳制品除外），以及用这些原料加工制作的各类饲料。禁止在饲料中加入三聚氰胺、三聚氰酸以及含三聚氰胺的下脚料。不饲喂可使生鲜牛乳产生异味的饲料，如丁酸发酵的青贮饲料、芜菁、韭菜、葱类等。

3.4.2 饲料卫生要求使用的精料补充料、浓缩饲料等要符合饲料卫生标准。防止饲草被养殖动物、野生动物的粪便污染，避免引发疾病。不喂发霉变质的饲料，避免造成生鲜牛乳中黄曲霉素等生物毒素的残留。

3.4.3 饲料的贮藏要防雨、防潮、防火、防冻、防霉变及防鼠、防虫害；饲料应堆放整齐，标识鲜明，便于先进先出；饲料库应有严格的管理制度，有准确的出入库、用料和库存记录。化学品（如农药、处理种子的药物等）的存放和混合要远离饲草、饲料储存区域。

3.5 日粮配制

3.5.1 配制原则应按照《奶牛营养需要和饲料成份》的要求，结合奶牛群实际，科学设计日粮配方。日粮配制应精、粗料比例合理，营养全面，能够满足奶牛的营养需要。

3.5.2 日粮配制应注意的问题

3.5.2.1 优先保证粗饲料尤其是优质粗饲料的供给日粮中应确保有稳定的玉米青贮供应，产奶牛以日均15千克以上为宜；每天须采食5千克以上的干草，应优先选用苜蓿、羊草和其他优质干草等，提倡多种搭配。

3.5.2.2 精、粗饲料搭配合理，营养平衡日粮配合比例一般为粗饲料占45%-60%，精饲料占35%-50%，矿物质类饲料占3%-4%，维生素及微量元素添加剂占1%，钙磷比为1.5-2.0∶1。

3.5.3 全混合日粮（TMR）指根据奶牛营养需要，把粗饲料、精饲料及辅助饲料等按合理的比例及要求，利用专用饲料搅拌机械进行切割、搅拌，使之成为混合均匀、营养平衡的一种日粮。TMR的水分应控制在40%-50%。

3.5.3.1 饲料添加原则遵循先干后湿，先轻后重的原则。添加顺序为先干草，然后是青贮饲料，最后是精料补充料和湿糟类。

3.5.3.2 搅拌时间掌握适宜搅拌时间的原则是确保搅拌后TMR中至少有20%的干草长度大于4厘米。一般情况下，最后一种饲料加入后搅拌5-8分钟。为避免饲料变质，夏季应分2-3次搅拌投喂。

3.5.3.3 效果评价搅拌效果好的TMR表现为精、粗饲料混合均匀，松散不分离，色泽均匀，新鲜不发热、无异味，不结块。以奶牛不挑食为佳。

4 饲养管理

4.1 犊牛的饲养管理（0-6月龄）

4.1.1 犊牛哺乳期（0-60日龄）

4.1.1.1 接产犊牛出生后立即清除口、鼻、耳内的粘液，确保呼吸畅通，擦干牛体。在距腹部6-8厘米处断脐，挤出脐内污物，并用5%的碘酒消毒，然后称重、佩戴耳标、照相、登记系谱、填写出生记录、放入犊牛栏。

4.1.1.2 喂初乳应在新生犊牛出生后1-2小时内吃到初乳，每次饲喂量为2-2.5千克，日喂2-3次，温度为38℃±1℃，连续5天，5天后逐渐过渡到饲喂常乳或犊牛代乳粉。

4.1.1.3 补饲犊牛出生一周后可开始训练其采食固体饲料，促进瘤胃的发育。犊牛哺乳期日增重应不低于650克。

4.1.1.4 去角和副乳头犊牛出生后，在15-30天用电烙铁或药物去角。去副乳头的最佳时间在2-6周，最好避开高温天气。先对副乳头周围清洗消毒，再轻拉副乳头，沿着基部剪除，用5%碘酒消毒。

4.1.1.5 管理犊牛要求生活在清洁、干燥、宽敞、阳光充足、冬暖夏凉的环境中。保证犊牛有充足、新鲜、清洁卫生的饮水，冬季应饮温水。犊牛饲喂必须做到"五定"，即定质、定时、定量、定温、定人，每次喂完奶后给牛擦干嘴部。卫生应做到"四勤"，即勤打扫、勤换垫草、勤观察、勤消毒。

4.1.2 犊牛断奶期（断奶-6月龄）

4.1.2.1 饲养犊牛的营养来源主要是精饲料。随着月龄的增长，逐渐增加优质粗饲料的喂量，选择优质干草、苜蓿供犊牛自由采食，4月龄前最好不喂青贮等发酵饲料。干物质采食量逐步达到每头每天4.5千克，其中精料喂量为每头每天1.5-2千克。犊牛断奶期日增重应不低于600克。

4.1.2.2 管理断奶后犊牛按月龄体重分群散放饲养，自由采食。应保证充足、新鲜、清洁卫生的饮水，冬季应饮温水。保持犊牛圈舍清洁卫生、干燥，定期消毒，预防疾病发生。

4.2 育成牛饲养管理（7-15月龄）

4.2.1 饲养日粮以粗饲料为主，每头每天饲喂精料2-2.5

千克。日粮蛋白水平达到13%-14%；选用中等质量的干草，培养其耐粗饲性能，增进瘤胃消化粗饲料的能力。干物质采食量每头每天应逐步增加到8千克，日增重不低于600克。

4.2.2 管理适宜采取散放饲养、分群管理。保证充足新鲜的饲料和饮水，定期监测体尺、体重指标，及时调整日粮结构，以确保15月龄前达到配种体重（成年牛体重的75%），保持适宜体况。同时，注意观察发情，做好发情记录，以便适时配种。

4.3 青年牛饲养管理（初配—分娩前）

4.3.1 饲养青年牛的管理重点是在怀孕后期（预产期前2-3周），可采用干奶后期饲养方式，日粮干物质采食量每头每天10-11千克，日粮粗蛋白水平14%，混合精料每头每天3-5千克左右。

4.3.2 管理采取散放饲养、自由采食。不喂变质霉变的饲料，冬季要防止牛在冰冻的地面或冰上滑倒，预防流产。依据膘情适当控制精料供给量，防止过肥，产前21天控制食盐喂量和多汁饲料的饲喂量，预防乳房水肿。

4.4 成母牛各阶段的饲养管理

4.4.1 干奶期进入妊娠后期，一般在产犊前60天停止挤奶，这段时间称为干奶期。

4.4.1.1 饲养干奶期奶牛的饲养根据具体体况而定，对于营养状况较差的高产母牛应提高营养水平，从而达到中上等膘情。日粮应以粗料为主，日粮干物质进食占体重的2%-2.5%，每千克干物质应含奶牛能量单位（NND）1.75，粗蛋白水平12%-13%，精、粗料比30：70，精料每头每天2.5-3千克。

4.4.1.2 管理停奶前10天，应进行隐性乳房炎检测，确定乳房正常后方可停奶。做好保胎工作，禁止饲喂冰冻、腐败变质的饲草饲料，冬季饮水不宜过冷。

4.4.2 围产期指母牛分娩前后各15天的一段时间。产前15天为围产前期，产后15天为围产后期。

4.4.2.1 围产前期饲养管理日粮干物质占体重2.5%－3.0%，每千克饲料干物质含NND 2.00，粗蛋白13%，钙0.4%，磷0.4%，精、粗料比为40∶60，粗纤维不少于20%。参考喂量：混合料2-5千克、青贮料15千克、干草4千克，补充微量元素及适量添加维生素A、维生素E，并采用低钙饲养法。典型的低钙日粮一般是钙占日粮干物质的0.4%以下，钙、磷比例为1∶1，减少产后瘫痪。但在产犊以后应迅速提高日粮中钙量，以满足产奶时的需要。

奶牛临产前15天转入产房。产房要保持安静，干净卫生。昼夜设专人值班。根据预产期做好产房、产间、助产器械工具的清洗消毒等准备工作。母牛产前应对其外生殖器和后躯消毒。通常情况下，让其自然分娩，如需助产时，要严格消毒手臂和器械。

4.4.2.2 围产后期饲养管理产后粗饲料以优质干草为主，自由采食。精料换成泌乳料，视食欲状况和乳房消肿程度逐渐增加饲喂量。每千克日粮干物质含钙0.6%，磷0.3%，精、粗料比为40∶60，粗蛋白提高到17%，NND为2.2，粗纤维含量不少于18%。

母牛产后开始挤奶时，头1-2把奶要弃掉，一般产后第一天每次只挤2千克左右，满足犊牛需要即可，第二天每次挤奶1/3，第三天挤1/2，第4天才可将奶挤尽。分娩后乳房水肿严重,要加强乳房的热敷和按摩,每次挤奶热敷按摩5-10分钟,促进乳房消肿。

4.4.3 泌乳早期(指产后16-100天的泌乳阶段,也称泌乳盛期)

4.4.3.1 饲养干物质采食量由占体重的2.5%-3.0%逐渐增加到3.5%以上,粗蛋白水平16%-18%,NND为2.3,钙0.7%,磷0.45%。加大饲料投喂,奶料比为2.5∶1。提供优质干草,保证高产奶牛每天3千克羊草,2千克苜蓿草的饲喂量。

4.4.3.2 管理应适当增加饲喂次数,有条件的牛场和奶农最好采用TMR饲养,如果没有TMR搅拌车,可以利用人工TMR。搞好产后发情检测,及时配种。

4.4.4 泌乳中期(指产后101-200天的泌乳阶段)

4.4.4.1 饲养日粮干物质应占体重3.0%-3.2%,NND为2.1-2.2,粗蛋白14%,粗纤维不少于17%,钙0.65%,磷0.35%,精、粗料比为40∶60。

4.4.4.2 管理此阶段产奶量渐减(月下降幅度为5%-7%),精料可相应逐渐减少,尽量延长奶牛的泌乳高峰。此阶段为奶牛能量正平衡,奶牛体况恢复,日增重为0.25-0.5千克。

4.4.5 泌乳后期(产后201天—停奶阶段)

4.4.5.1 饲养日粮干物质应占体重的3.0%左右,NND为2.0,粗蛋白水平13%,粗纤维不少于20%,钙0.55%,磷0.35%,精、粗料比以30∶70为宜。调控好精料比例,防止奶牛过肥。

4.4.5.2 管理该阶段应以恢复牛只体况为主,加强管理,预防流产。做好停奶准备工作，为下一个泌乳期打好基础。

4.5 DHI测定指奶牛生产性能测定，每个月对牛奶产量、乳成分和体细胞数等进行测定。为奶牛场提供泌乳奶牛的生产性能数据，是奶牛选种选配的重要参考依据，同时也是提高奶牛场饲养管理水平的重要手段。

4.5.1 牛奶采样每头泌乳牛每月采集奶样一次，采样前，应先将牛奶充分搅拌，采样管插到贮奶容器中间采样，每个样品总量应严格控制在40毫升以内，全天早、中、晚三次挤奶分别按4∶3∶3（早、晚两次挤奶按5.5∶4.5）比例采集。采样时注意保持奶样清洁，切勿使粪、尿等杂物污染奶样。

4.5.2 保存每班次采样后，立即将奶样保存在0-5℃环境中，防止夏季变质和冬季结冰，影响检测结果的准确性。

4.5.3 送样时间奶样从开始采集到送检测室的时间应控制在：夏季不超过48小时，冬季不超过72小时。

5 挤奶操作与卫生

5.1 挤奶方式与设备我国目前的挤奶方式分为机械挤奶和手工挤奶，鼓励手工挤奶向机械挤奶转变。机械挤奶分为提桶式和管道式两种，管道式挤奶又分为定位挤奶和厅式挤奶两种。厅式挤奶主要有鱼骨式、并列式和转盘式三种类型。

5.2 挤奶设施

5.2.1 挤奶设施组成挤奶设施包括挤奶厅、待挤区、设备室、贮奶间、更衣室、办公室、锅炉房等。

5.2.2 挤奶厅位置挤奶厅应建在养殖场的上风处或中部侧面，距离牛舍较近，有专用的运输通道，不可与污道交叉。既便于集中挤奶，又减少污染。要避免运奶车直接进入生产区。

5.2.3 挤奶厅的环境要求和卫生控制

5.2.3.1 地面与墙面挤奶厅应采用绝缘材料或砖石墙,墙面最好贴瓷砖,要求光滑,便于清洗消毒;地面要做到防滑、易于清洁。

5.2.3.2 排水挤奶厅地面冲洗用水不能使用循环水,必须使用清洁水,并保持一定的压力;地面可设一个到几个排水口,排水口应比地面或排水沟表面低 1.25 米,防止积水。

5.2.3.3 通风和光照挤奶厅通风系统应尽可能考虑能同时使用定时控制和手动控制的电风扇,光照强度应便于工作人员进行相关的操作。

5.2.3.4 贮奶间只能用于冷却和贮存生鲜牛乳,不得堆放任何化学物品和杂物;禁止吸烟,并张贴"禁止吸烟"的警示;有防止昆虫的措施,如安装纱窗、使用灭蝇喷雾剂、捕蝇纸和电子灭蚊蝇器,捕蝇纸要定期更换,不得放在贮奶罐上;贮奶间的门应保持经常性关闭状态;贮奶间污水的排放口需距贮奶间 15 米以上。

5.2.3.5 贮奶罐外部应保持清洁、干净,没有灰尘;贮奶罐的盖子应保持关闭状态;不得向罐中加入任何物质;交完奶应及时清洗贮奶罐并将罐内的水排净。

5.2.3.6 外部环境保持挤奶厅和贮奶间建筑外部的清洁卫生,防止滋生蚊蝇虫害。用于杀灭蚊蝇的杀虫剂和其他控制害虫的产品应当经国家批准,对人、奶牛和环境安全没有危害,并在牛体内不产生有害积累。

5.3 挤奶操作

5.3.1 健康检查挤奶前先观察或触摸乳房外表是否有红、

肿、热、痛症状或创伤。

5.3.2 乳头预药浴 对乳头进行预药浴，选用专用的乳头药浴液，药液作用时间应保持在20-30秒。如果乳房污染特别严重，可先用含消毒水的温水清洗干净，再药浴乳头。

5.3.3 擦干乳头 挤奶前用毛巾或纸巾将乳头擦干，保证一头牛一条毛巾。

5.3.4 挤去头2-3把奶 把头2-3把奶挤到专用容器中，检查牛奶是否有凝块、絮状物或水样，正常的牛可上机挤奶；异常时应及时报告兽医进行治疗，单独挤奶。严禁将异常奶混入正常牛奶中。

5.3.5 上机挤奶 上述工作结束后，及时套上挤奶杯组。奶牛从进入挤奶厅到套上奶杯的时间应控制在90秒以内，保证最大的奶流速度和产奶量，还要尽量避免空气进入杯组中。挤奶过程中观察真空稳定情况和挤奶杯组奶流情况，适当调整奶杯组的位置。排乳接近结束，先关闭真空，再移走挤奶杯组。严禁下压挤奶机，避免过度挤奶。

5.3.6 挤奶后药浴 挤奶结束后，应迅速进行乳头药浴，停留时间为3-5秒。

5.3.7 其他 固定挤奶顺序，切忌频繁更换挤奶员。药浴液应在挤奶前现用现配，并保证有效的药液浓度。每班药浴杯使用完毕应清洗干净。应用抗生素治疗的牛只，应单独使用一套挤奶杯组，每挤完一头牛后应进行消毒，挤出的奶放置容器中单独处理。奶牛产犊后7天以内的初乳饲喂新生犊牛或者单独贮存处理，不能混入商品奶中。

5.4 挤奶员要求

5.4.1 必须定期进行身体检查，获得县级以上医疗机构出具的健康证明。

5.4.2 应保证个人卫生，勤洗手、勤剪指甲、不涂抹化妆品、不佩戴饰物。

5.4.3 手部刀伤和其他开放性外伤，未愈前不能挤奶。

5.4.4 建议挤奶操作时，应穿工作服和工作鞋，戴工作帽。

5.5 生鲜牛乳的冷却、贮存与运输

5.5.1 贮运容器贮存生鲜牛乳的容器，应符合《散装乳冷藏罐》（GB/T 10942-2001）的要求。运输奶罐应具备保温隔热、防腐蚀、便于清洗等性能，符合保障生鲜乳质量安全的要求。

5.5.2 冷却刚挤出的生鲜牛乳应及时冷却、贮存。2小时之内冷却到4℃以下保存。

5.5.3 贮存时间生鲜牛乳挤出后在贮奶罐的贮存时间原则上不超过48小时。贮奶罐内生鲜牛乳温度应低于6℃。

5.5.4 运输从事生鲜牛乳运输的人员必须定期进行身体检查，获得县级以上医疗机构的身体健康证明。生鲜牛乳运输车辆必须获得所在地畜牧兽医部门核发的生鲜乳准运证明，必须具有保温或制冷型奶罐。在运输过程中，尽量保持生鲜牛乳装满奶罐，避免运输途中生鲜牛乳振荡，与空气接触发生氧化反应。严禁在运输途中向奶罐内加入任何物质。要保持运输车辆的清洁卫生。

5.6 挤奶设备及贮运设备的清洗

5.6.1 清洗剂的选择应选择经国家批准，对人、奶牛和环境安全没有危害，对生鲜牛乳无污染的清洗剂。

5.6.2 挤奶前的清洗每次挤奶前应用清水对挤奶及贮运设

备进行冲洗。

5.6.3 挤奶后的清洗消毒

5.6.3.1 预冲洗挤奶完毕后，应马上用清洁的温水（35℃-40℃）进行冲洗，不加任何清洗剂。预冲洗过程循环冲洗到水变清为止。

5.6.3.2 碱酸交替清洗预冲洗后立刻用pH值11.5的碱洗液（碱洗液浓度应考虑水的pH值和硬度）循环清洗10-15分钟。碱洗温度开始在70℃-80℃左右，循环到水温不低于41℃。碱洗后可继续进行酸洗，酸洗液pH值为3.5（酸洗液浓度应考虑水的pH值和硬度），循环清洗10-15分钟，酸洗温度应与碱洗温度相同。视管路系统清洁程度，碱洗与酸洗可在每次挤奶作业后交替进行。在每次碱（酸）清洗后，再用温水冲洗5分钟。清洗完毕管道内不应留有残水。

5.6.3.3 奶车、奶罐的清洗消毒奶车、奶罐每次用完后应清洗和消毒。具体程序是先用温水清洗，水温35℃-40℃；再用热碱水（温度50℃）循环清洗消毒；最后用清水冲洗干净。奶泵、奶管、阀门每用一次，都要用清水清洗一次。奶泵、奶管、阀门应每周2次冲刷、清洗。

5.7 挤奶设备的维护挤奶设备必须定期做好维护保养工作。挤奶设备除了日常保养外，每年都应当由专业技术工程师全面维护保养。不同类型的设备应根据设备厂商的要求作特殊维护。

5.7.1 每天检查

5.7.1.1 真空泵油量是否保持在要求的范围内。

5.7.1.2 集乳器进气孔是否被堵塞。

5.7.1.3 橡胶部件是否有磨损或漏气。

5.7.1.4 真空表读数是否稳定，套杯前与套杯后，真空表的读数应当相同，摘取杯组时真空会略微下降，但5秒内应上升到原位。

5.7.1.5 真空调节器是否有明显的放气声，如没有放气声说明真空储气量不够。

5.7.1.6 奶杯内衬/杯罩间是否有液体进入。如果有水或奶，表明内衬有破损，应当更换。

5.7.2 每周检查

5.7.2.1 检查脉动率与内衬收缩是否正常。在机器运转状态下，将拇指伸入一个奶杯，其他3个奶杯堵住或折断真空，检查每分钟按摩次数（脉动率），拇指应感觉到内衬的充分收缩。

5.7.2.2 奶泵止回阀是否断裂，空气是否进入奶泵。

5.7.3 每月检查和保养

5.7.3.1 真空泵皮带松紧度是否正常，用拇指按压皮带应有1.25厘米的张度。

5.7.3.2 清洁脉动器脉动器进气口尤其需要进行清洁，有些进气口有过滤网，需要清洗或更换，脉动器加油需按供应商的要求进行。

5.7.3.3 清洁真空调节器和传感器用湿布擦净真空调节器的阀、座等（按照工程师的指导），传感器过滤网可用皂液清洗，晾干后再装上。

5.7.3.4 奶水分离器和稳压罐浮球阀应确保这些浮球阀工作正常，还要检查其密封情况，有磨损时应立即更换；冲洗真空管、清洁排泄阀、检查密封状况。

5.7.4 年度检查每年由专业技术工程师对挤奶设备做系统检查。

5.8 生鲜牛乳质量检测

5.8.1 生鲜乳化验室和检测设备鼓励机械化挤奶厅和生鲜乳收购站设立生鲜乳化验室,并配备必要的乳成分分析检测设备和卫生检测仪器、试剂。

5.8.2 检测指标和检测方法按照《生鲜乳收购标准》(GB/T 6914-1986)的要求对生鲜牛乳的感官指标(气味、颜色和组织状态)、理化指标(密度、蛋白质、脂肪、酸度、乳糖、非脂固形物、干物质等)进行检测。有条件的可以进行微生物指标和体细胞数的测定。

6 卫生防疫与保健

6.1 卫生防疫

6.1.1 防疫总则严格按照《中华人民共和国动物防疫法》的规定,贯彻"预防为主"的方针,净化奶牛主要动物疫病,防止疾病的传入或发生,控制动物传染病和寄生虫病的传播。

6.1.2 防疫措施

6.1.2.1 奶牛场应建立出入登记制度,非生产人员不得进入生产区。

6.1.2.2 职工进入生产区,穿戴工作服,经过消毒间洗手消毒后方可入场。

6.1.2.3 奶牛场员工每年必须进行一次健康检查,如患传染性疾病应及时在场外治疗,痊愈后方可上岗。

6.1.2.4 新员工必须持有当地相关部门颁发的健康证方可上岗。

6.1.2.5 奶牛场不得饲养其他畜禽，特殊情况需要养狗，应加强管理，并实施防疫和驱虫处理，禁止将畜禽及其产品带入场区。

6.1.2.6 定点堆放牛粪，定期喷洒杀虫剂，防止蚊蝇孳生。

6.1.2.7 污水、粪尿、死亡牛只及产品应作无害化处理，并做好器具和环境等的清洁消毒工作。

6.1.2.8 当奶牛发生疑似传染病或附近牧场出现烈性传染病时，应立即按规定采取隔离封锁和其他应急防控措施。

6.2 消毒

6.2.1 消毒剂应选择国家批准的，对人、奶牛和环境安全没有危害以及在牛体内不产生有害积累的消毒剂。

6.2.2 消毒方法可采用喷雾消毒、浸液消毒、紫外线消毒、喷洒消毒、热水消毒等。

6.2.3 消毒范围对养殖场（小区）的环境、牛舍、用具、外来人员、生产环节（挤奶、助产、配种、注射治疗及任何与奶牛进行接触）的器具和人员等进行消毒。

6.3 免疫奶牛场应根据《中华人民共和国动物防疫法》及其配套法规的要求，结合当地实际情况，对强制免疫病种和有选择的疫病进行预防接种，疫苗、免疫程序和免疫方法必须经国家兽医行政主管部门批准。

6.4 检测及净化奶牛场应按照国家有关规定和当地畜牧兽医主管部门的具体要求，对结核、布鲁氏菌病等动物传染性疾病进行定期检测及净化。

6.5 奶牛保健

6.5.1 乳房卫生保健应经常保持乳房清洁,注意清除损伤乳房的隐患。挤奶时清洗乳房的水和毛巾必须清洁,建议水中加0.03%漂白粉或3%-4%的次氯酸钠等进行消毒。

6.5.2 蹄部卫生保健保持牛蹄清洁,清除趾间污物或用水清洗。坚持定期消毒,夏、秋季每隔5-7天消毒1次,冬天可适当延长间隔。每年对全群牛只肢蹄检查一次,春季或秋季对蹄变形者统一修整。对患蹄病牛应及时治疗。坚持供应平衡日粮,以防蹄叶炎发生。

6.5.3 营养代谢病监控高产牛在停奶时和产前10天左右作血样抽样检查,测定有关生理指标。应定期监测酮体,产前1周,产后1月内每隔1-2日监测1次,发现异常及时采取治疗措施。加强临产牛监护,对高产、体弱、食欲不振的牛在产前1周可适当补充20%葡萄糖酸钙1-3次,增加抵抗力。每年随机抽检30-50头高产牛作血钙、血磷监测。

6.6 兽药使用准则

6.6.1 禁止使用国家明文禁用的兽药和其他化学物质;禁止使用禁用于泌乳期动物的兽药种类。

6.6.2 禁止使用未经国家兽医行政管理部门批准的药品。

6.6.3 严格按照兽药管理法规、规范和质量标准使用兽药,严格遵守休药期规定。

6.6.4 预防、治疗奶牛疾病的用药要有兽医处方,并保留备查。

6.6.5 建立并保存奶牛的免疫程序记录;建立并保存患病

奶牛的治疗记录和用药记录。治疗记录应包括：患病奶牛的畜号或其他标志、发病时间及症状。用药记录应包括：药物通用名称、商品名称、生产厂家、产品批号、有效成分、含量规格、使用剂量、疗程、治疗时间、用药人员签名等。

7 记录与档案管理

根据农业部发布的《畜禽标识与养殖档案管理办法》和《生鲜乳生产收购管理办法》建立生鲜牛乳生产收购等相关记录制度，配备专门或兼职的记录员，并逐步建立健全档案管理制度。主要记录包括：

7.1 育种与繁殖记录

7.1.1 奶牛谱系记录

7.1.2 奶牛配种日志

7.1.3 奶牛繁殖和产犊记录

7.2 奶牛进出场记录

7.2.1 奶牛死亡、淘汰、出售记录

7.2.2 牛群异动台帐

7.3 饲料、兽药使用记录

7.3.1 饲草料入库和使用记录

7.3.2 奶牛疾病和处方记录

7.3.3 兽药使用和休药期记录

7.4 卫生防疫与保健记录

7.4.1 奶牛检测和疫苗注射记录

7.4.2 隐性乳房炎监测记录

7.4.3 奶牛产后监控卡

7.4.4 牛场消毒记录

7.5　生鲜牛乳生产和收购记录

7.5.1　挤奶设备保养维修记录

7.5.2　生鲜牛乳生产记录

7.5.3　生鲜牛乳检测记录

7.5.4　生鲜牛乳贮存记录

7.5.5　挤奶、贮存、运输等设施设备清洗消毒记录

7.5.6　生鲜牛乳运输与销售记录

生鲜乳购销合同（示范文本）

农业部 工业和信息化部 国家工商行政管理总局
关于印发《生鲜乳购销合同（示范文本）》的通知
农牧发〔2016〕8号

各省、自治区、直辖市畜牧（农牧、农业）厅（局、委、办）、工业和信息化主管部门、工商行政管理局（市场监督管理部门），新疆生产建设兵团畜牧兽医局：

为规范生鲜乳购销秩序，根据《乳品质量安全监督管理条例》的有关规定，农业部、工业和信息化部、国家工商行政管理总局制定了《生鲜乳购销合同（示范文本）》（GF-2016-0157），自2016年6月1日起实施。

原《生鲜乳购销合同（示范文本）》（GF-2008-0157）同时废止。

中华人民共和国农业部
工业和信息化部
国家工商行政管理总局
2016年5月27日

生鲜乳购销合同

收购人：_____

销售人：_____

见证人：_____

根据《中华人民共和国合同法》和《乳品质量安全监督管理条例》的规定，双方在平等、自愿、公平、诚实信用的基础上，经协商一致，签订本合同。

第一条：收购时间与数量

1. 计划收购时间为_____年____月____日至_____年____月____日。

2. 收购总量为_____公斤，收购总量上下浮动范围为：_____%。

第二条：收购价格

标准乳收购价格为_____元/公斤，生鲜乳分级标准参考国家乳品标准。购销双方应按当地生鲜乳价格协调委员会确定的交易参考价格协商确定生鲜乳收购价格。

第三条：质量要求

1. 生鲜乳必须符合国家生鲜乳收购标准。

2. 生鲜乳有下列情况的，收购人不予收购：

（1）产犊后7日内的初乳，但以初乳为加工原料的除外；

（2）奶牛在使用抗菌素类药物期间或停药后7日内产的乳；

（3）奶牛患乳腺炎、结核病、布氏杆菌病及其他传染性疾病期间产的乳；

（4）掺杂使假或者变质的乳；

（5）其他不符合卫生安全质量标准的乳。

3. 销售人交售的生鲜乳在奶站挤奶的，应遵守奶站的操作规定；自行挤奶的，要确保盛奶、挤奶器具清洁，不得使用塑料及有毒有害容器。

第四条：结算方式

1. 收购人应按照本合同第二条约定在支付货款前两日，向销售人公布结算货款的相关数据。

2. 收购人应按照生鲜乳收购量按月支付货款，即当月结算付清上个月的货款，具体支付货款日期为每月的 日至 日，具体支付地点为合同履行地。

第五条：检验方式

1. 收购人负责对销售人提供的生鲜乳进行抽样检验。对符合本合同第三条规定的生鲜乳要求在收购之时起 4 小时内公布脂肪含量、蛋白质含量等各项计价指标和其他常规检验结果；销售人对收购人公布的脂肪含量、蛋白质含量等各项计价指标和其他常规检验结果有异议的，应当在接到检验结果之时起 8 小时内，持质量检验单到具有相应资质的生鲜乳质量安全检测机构申请复检，由当地奶业协会根据检测结果出具调解意见。若确为收购人检验结果错误则须赔偿销售人的损失，并承担检测和调解所发生的费用。

2. 收购人应当将不符合质量标准的生鲜乳样留存 48 小时以上。

3. 双方对数量发生争议时，以国家计量基准器具或者社会公用计量标准器具检定的数据为准，双方签字后各留一份。

4. 销售人应当接受收购人生鲜乳检查及取样工作。

第六条：交付时间和方式

1. 销售人送货的时间为每日____时至____时。

    收购人收购的时间为每日____时至____时。

2. 经过称量、抽样、初步质量检验、签单，完成交付过程。

第七条：履行地和履行期限

1. 本合同履行地为_____生鲜乳收购站；

2. 履行期限为_____年____月____日至_____年____月____日；

3. 合同到期如需续签的，应提前____日通知另一方。

第八条：合同的变更和解除

1. 本合同经双方协商一致，并达成书面协议，可以依法变更或解除。

2. 发生不可抗力时，双方可协商调整购销计划数量。因不可抗力导致无法履行合同的，应当自不可抗力发生之日起　日内以书面形式通知对方，并在 日内提供有关机构出具的证明。

第九条：违约责任

1. 收购人不按时收购、随意提高或压低标准、限收或拒收符合质量标准的生鲜乳，由此给销售人造成的损失应当由收购人承担。

2. 收购人违反本合同约定，拖欠销售人生鲜乳货款的，应当从合同约定支付货款之日起，按日支付拖欠金额1%的违约金，并继续履行支付拖欠货款的义务。

3. 销售人未按本合同第一条约定的时间和数量交售生鲜乳，给收购人造成损失的，应承担赔偿责任。

4. 销售人交售的生鲜乳不符合本合同第三条的约定，收购人不予收购，由此给收购人造成的损失由销售人承担。

第十条：争议解决方式

本合同履行过程中如发生争议，由双方协商或提交当地奶业协会调解解决；协商或调解不成的，按下列第____种方式解决：

1. 提交_____仲裁委员会仲裁；
2. 依法向人民法院起诉。

第十一条：合同效力

合同经双方签字或盖章之日起生效。本合同一式两份，购销双方各执一份。未尽事宜，双方可协商签订补充协议，补充协议与本合同具有同等的法律效力。

收购人（盖章）：　　　　　销售人（签字）：

地址：　　　　　　　　　　地址：

法定代表人：　　　　　　　身份证号码：

委托代理人：　　　　　　　委托代理人：

　年　月　日　　　　　　　年　月　日

奶畜养殖和生鲜乳收购运输环节
违法行为依法从重处罚的规定

农业部关于印发《奶畜养殖和生鲜乳收购运输环节
违法行为依法从重处罚的规定》的通知

农牧发〔2011〕4号

各省、自治区、直辖市畜牧（农牧、农业）厅（局、委、办），新疆生产建设兵团畜牧兽医局：

为贯彻落实《国务院办公厅关于进一步加强乳品质量安全工作的通知》（国办发〔2010〕42号）要求，加大对奶畜养殖和生鲜乳收购运输环节违法行为的惩处力度，切实保障生鲜乳质量安全，我部组织制定了《奶畜养殖和生鲜乳收购运输环节违法行为依法从重处罚的规定》，现印发给你们，请遵照执行。

二〇一一年四月十一日

为贯彻落实《国务院办公厅关于进一步加强乳品质量安全工作的通知》（国办发〔2010〕42号）要求，加大对奶畜养殖和生鲜乳收购运输环节违法行为的惩处力度，切实保障生鲜乳质量安全，现对有关违法行为作出如下从重处罚的规定。

一、在奶畜养殖过程中使用违禁药品和其他化合物的，依照《国务院关于加强食品等产品安全监督管理的特别规定》第四条第二款的规定，没收违法所得，货值金额不足 5000 元的，并处 2 万元罚款；货值金额 5000 元以上不足 1 万元的，并处 5 万元罚款；货值金额 1 万元以上的，并处货值金额 10 倍的罚款。对饲喂了违禁药品和其他化合物的奶畜所产的生鲜乳，依照《兽药管理条例》第六十二条的规定，责令违法行为人进行无害化处理。对违禁药品，依照《饲料和饲料添加剂管理条例》第二十九条第二款的规定予以没收。

二、生鲜乳收购者在生鲜乳收购过程中，加入非食品用化学物质或者其他可能危害人体健康的物质，依照《乳品质量安全监督管理条例》第五十四条的规定，没收违法所得和违法生产的生鲜乳，以及相关的工具、设备等物品，并处违法生鲜乳货值金额 30 倍罚款。

三、生产、销售的生鲜乳含有违禁物质，不符合国家限量标准的，依照《乳品质量安全监督管理条例》第五十五条的规定，没收违法所得、违法生鲜乳和相关的工具、设备等物品，并处违法生鲜乳货值金额 20 倍罚款。

四、未取得生鲜乳收购许可证收购生鲜乳的，或者收购《乳品质量安全监督管理条例》第二十四条规定禁止收购的生鲜乳的，依照《乳品质量安全监督管理条例》第六十条的规定，没收违法所得、违法收购的生鲜乳和相关的设备、设施等物品，并处违法收购的生鲜乳货值金额 8 倍以上 10 倍以下罚款；有生鲜乳收购许可证的，由发证机关吊销许可证。

五、生鲜乳运输车辆未取得生鲜乳准运证明的，依照《国务院关于加强食品等产品安全监督管理的特别规定》第三条第四款的规定，没收违法所得、违法运输的生鲜乳和运输工具、设备等物品，货值金额不足 1 万元的，并处 10 万元罚款；货值金额 1 万元以上的，并处货值金额 15 倍以上 20 倍以下的罚款。

六、法律、行政法规对上述违法行为有新的处罚规定的，对相关违法行为在新的处罚幅度内从重处罚。

七、奶畜养殖和生鲜乳收购、运输环节违法行为涉嫌犯罪的，应当依照《行政执法机关移送涉嫌犯罪案件的规定》，移送公安机关依法追究刑事责任。

八、本规定自发布之日起施行。

进出口乳品检验检疫
监督管理办法

国家质量监督检验检疫总局令

第 152 号

《进出口乳品检验检疫监督管理办法》已经国家质量监督检验检疫总局局务会议审议通过，现予公布，自 2013 年 5 月 1 日起施行。

国家质量监督检验检疫总局

2013 年 1 月 24 日

第一章　总　则

第一条　为了加强进出口乳品检验检疫监督管理，根据《中华人民共和国食品安全法》（以下简称食品安全法）及其实施条例、《中华人民共和国进出口商品检验法》及其实施条例、《中华人民共和国进出境动植物检疫法》及其实施条例、《国务院关于加强食品等产品安全监督管理的特别规定》（以下简称特别规定）、《乳品质量安全监督管理条例》等法律法规规定，制定本办法。

第二条　本办法所称乳品包括初乳、生乳和乳制品。

本办法所称初乳是指奶畜产犊后 7 天内的乳。

本办法所称生乳是指从符合中国有关要求的健康奶畜乳房

中挤出的无任何成分改变的常乳。奶畜初乳、应用抗生素期间和休药期间的乳汁、变质乳不得用作生乳。

本办法所称乳制品是指由乳为主要原料加工而成的食品，如：巴氏杀菌乳、灭菌乳、调制乳、发酵乳、干酪及再制干酪、稀奶油、奶油、无水奶油、炼乳、乳粉、乳清粉、乳清蛋白粉和乳基婴幼儿配方食品等。其中，由生乳加工而成、加工工艺中无热处理杀菌过程的产品为生乳制品。

第三条 国家质量监督检验检疫总局（以下简称国家质检总局）主管全国进出口乳品检验检疫监督管理工作。

国家质检总局设在各地的出入境检验检疫机构（以下简称检验检疫机构）负责所辖地区进出口乳品检验检疫监督管理工作。

第四条 进出口乳品生产经营者应当依法从事生产经营活动，对社会和公众负责，保证食品安全，诚实守信，接受社会监督，承担社会责任。

第二章　乳品进口

第五条 国家质检总局依据中国法律法规规定对向中国出口乳品的国家或者地区的食品安全管理体系和食品安全状况进行评估，并根据进口乳品安全状况及监督管理需要进行回顾性审查。

首次向中国出口乳品的国家或者地区，其政府主管部门应当向国家质检总局提供兽医卫生和公共卫生的法律法规体系、组织机构、兽医服务体系、安全卫生控制体系、残留监控体系、动物疫病的检测监控体系及拟对中国出口的产品种类等资料。

国家质检总局依法组织评估，必要时，可以派专家组到该国家或者地区进行现场调查。经评估风险在可接受范围内的，确定相应的检验检疫要求，包括相关证书和出证要求，允许其符合要求的相关乳品向中国出口。双方可以签署议定书确认检验检疫要求。

第六条 国家质检总局对向中国出口乳品的境外食品生产企业（以下简称境外生产企业）实施注册制度，注册工作按照国家质检总局相关规定执行。

境外生产企业应当经出口国家或者地区政府主管部门批准设立，符合出口国家或者地区法律法规相关要求。

境外生产企业应当熟悉并保证其向中国出口的乳品符合中国食品安全国家标准和相关要求，并能够提供中国食品安全国家标准规定项目的检测报告。境外生产企业申请注册时应当明确其拟向中国出口的乳品种类、品牌。

获得注册的境外生产企业应当在国家质检总局网站公布。

第七条 向中国出口的乳品，应当附有出口国家或者地区政府主管部门出具的卫生证书。证书应当证明下列内容：

（一）乳品原料来自健康动物；

（二）乳品经过加工处理不会传带动物疫病；

（三）乳品生产企业处于当地政府主管部门的监管之下；

（四）乳品是安全的，可供人类食用。

证书应当有出口国家或者地区政府主管部门印章和其授权人签字，目的地应当标明为中华人民共和国。

证书样本应当经国家质检总局确认，并在国家质检总局网站公布。

第八条 需要办理检疫审批手续的进口乳品,应当在取得《中华人民共和国进境动植物检疫许可证》后,方可进口。

国家质检总局可以依法调整并公布实施检疫审批的乳品种类。

第九条 向中国境内出口乳品的出口商或者代理商应当向国家质检总局备案。申请备案的出口商或者代理商应当按照备案要求提供备案信息,对信息的真实性负责。

备案名单应当在国家质检总局网站公布。

第十条 检验检疫机构对进口乳品的进口商实施备案管理。进口商应当有食品安全专业技术人员、管理人员和保证食品安全的规章制度,并按照国家质检总局规定,向其工商注册登记地检验检疫机构申请备案。

第十一条 进口乳品的进口商或者其代理人,应当持下列材料向海关报关地的检验检疫机构报检:

(一)合同、发票、装箱单、提单等必要凭证。

(二)符合本办法第七条规定的卫生证书。

(三)首次进口的乳品,应当提供相应食品安全国家标准中列明项目的检测报告。首次进口,指境外生产企业、产品名称、配方、境外出口商、境内进口商等信息完全相同的乳品从同一口岸第一次进口。

(四)非首次进口的乳品,应当提供首次进口检测报告的复印件以及国家质检总局要求项目的检测报告。非首次进口检测报告项目由国家质检总局根据乳品风险监测等有关情况确定并在国家质检总局网站公布。

（五）进口乳品安全卫生项目（包括致病菌、真菌毒素、污染物、重金属、非法添加物）不合格，再次进口时，应当提供相应食品安全国家标准中列明项目的检测报告；连续5批次未发现安全卫生项目不合格，再次进口时提供相应食品安全国家标准中列明项目的检测报告复印件和国家质检总局要求项目的检测报告。

（六）进口预包装乳品的，应当提供原文标签样张、原文标签中文翻译件、中文标签样张等资料。

（七）进口需要检疫审批的乳品，应当提供进境动植检疫许可证。

（八）进口尚无食品安全国家标准的乳品，应当提供国务院卫生行政部门出具的许可证明文件。

（九）涉及有保健功能的，应当提供有关部门出具的许可证明文件。

（十）标注获得奖项、荣誉、认证标志等内容的，应当提供经外交途径确认的有关证明文件。

第十二条　进口乳品的进口商应当保证其进口乳品符合中国食品安全国家标准，并公布其进口乳品的种类、产地、品牌。

进口尚无食品安全国家标准的乳品，应当符合国务院卫生行政部门出具的许可证明文件中的相关要求。

第十三条　进口乳品的包装和运输工具应当符合安全卫生要求。

第十四条　进口预包装乳品应当有中文标签、中文说明书，标签、说明书应当符合中国有关法律法规规定和食品安全国家标准。

第十五条 进口乳品在取得入境货物检验检疫证明前，应当存放在检验检疫机构指定或者认可的监管场所，未经检验检疫机构许可，任何单位和个人不得擅自动用。

第十六条 检验检疫机构应当按照《中华人民共和国进出口商品检验法》规定的方式对进口乳品实施检验；进口乳品存在动植物疫情疫病传播风险的，应当按照《中华人民共和国进出境动植物检疫法》规定实施检疫。

第十七条 进口乳品经检验检疫合格，由检验检疫机构出具入境货物检验检疫证明后，方可销售、使用。

进口乳品入境货物检验检疫证明中应当列明产品名称、品牌、出口国家或者地区、规格、数/重量、生产日期或者批号、保质期等信息。

第十八条 进口乳品经检验检疫不合格的，由检验检疫机构出具不合格证明。涉及安全、健康、环境保护项目不合格的，检验检疫机构责令当事人销毁，或者出具退货处理通知单，由进口商办理退运手续。其他项目不合格的，可以在检验检疫机构监督下进行技术处理，经重新检验合格后，方可销售、使用。

进口乳品销毁或者退运前，进口乳品进口商应当将不合格乳品自行封存，单独存放于检验检疫机构指定或者认可的场所，未经检验检疫机构许可，不得擅自调离。

进口商应当在3个月内完成销毁，并将销毁情况向检验检疫机构报告。

第十九条 进口乳品的进口商应当建立乳品进口和销售记录制度，如实记录进口乳品的入境货物检验检疫证明编号、名称、规格、数量、生产日期或者批号、保质期、出口商和购货者名称及联系方式、交货日期等内容。记录应当真实，记录保存期限不得少于2年。

检验检疫机构应当对本辖区内进口商的进口和销售记录进行检查。

第二十条 进口乳品原料全部用于加工后复出口的，检验检疫机构可以按照出口目的国家或者地区的标准或者合同要求实施检验，并在出具的入境货物检验检疫证明上注明"仅供出口加工使用"。

第二十一条 检验检疫机构应当建立进口乳品进口商信誉记录。

检验检疫机构发现不符合法定要求的进口乳品时，可以将不符合法定要求的进口乳品进口商、报检人、代理人列入不良记录名单；对有违法行为并受到处罚的，可以将其列入违法企业名单并对外公布。

第三章　乳品出口

第二十二条 国家质检总局对出口乳品生产企业实施备案制度，备案工作按照国家质检总局相关规定执行。

出口乳品应当来自备案的出口乳品生产企业。

第二十三条 出口生乳的奶畜养殖场应当向检验检疫机构备案。检验检疫机构在风险分析的基础上对备案养殖场进行动物疫病、农兽药残留、环境污染物及其他有毒有害物质的监测。

第二十四条 出口生乳奶畜养殖场应当建立奶畜养殖档案，

载明以下内容：

（一）奶畜的品种、数量、繁殖记录、标识情况、来源和进出场日期；

（二）饲料、饲料添加剂、兽药等投入品的来源、名称、使用对象、时间和用量；

（三）检疫、免疫、消毒情况；

（四）奶畜发病、死亡和不合格生乳的处理情况；

（五）生乳生产、贮存、检验、销售情况。

记录应当真实，保存期限不得少于2年。

第二十五条　出口生乳奶畜养殖不得使用中国及进口国家或者地区禁用的饲料、饲料添加剂、兽药以及其他对动物和人体具有直接或者潜在危害的物质。禁止出口奶畜在规定用药期和休药期内产的乳。

第二十六条　出口乳品生产企业应当符合良好生产规范要求，建立并实施危害分析与关键控制点体系（HACCP），并保证体系有效运行。

第二十七条　出口乳制品生产企业应当建立下列制度：

（一）原料、食品添加剂、食品相关产品进货查验制度，如实记录其名称、规格、数量、供货者名称及联系方式、进货日期等；

（二）生产记录制度，如实记录食品生产过程的安全管理情况；

（三）出厂检验制度，对出厂的乳品逐批检验，并保存检验报告，留取样品；

（四）乳品出厂检验记录制度，查验出厂乳品检验合格证和质量安全状况，如实记录产品的名称、规格、数量、生产日期、保质期、生产批号、检验合格证号、购货者名称及联系方式、销售日期等。

上述记录应当真实，保存期不得少于 2 年。

第二十八条 出口乳品生产企业应当对出口乳品加工用原辅料及成品进行检验或者委托有资质的检验机构检验，并出具检验报告。

第二十九条 出口乳品的包装和运输方式应当符合安全卫生要求。

对装运出口易变质、需要冷冻或者冷藏乳品的集装箱、船舱、飞机、车辆等运载工具，承运人、装箱单位或者其代理人应当按照规定对运输工具和装载容器进行清洗消毒并做好记录，在装运前向检验检疫机构申请清洁、卫生、冷藏、密固等适载检验；未经检验或者经检验不合格的，不准装运。

第三十条 出口乳品的出口商或者其代理人应当按照国家质检总局的报检规定，向出口乳品生产企业所在地检验检疫机构报检。

第三十一条 检验检疫机构根据出口乳品的风险状况、生产企业的安全卫生质量管理水平、产品安全卫生质量记录、既往出口情况、进口国家或者地区要求等，制定出口乳品抽检方案，按照下列要求对出口乳品实施检验：

（一）双边协议、议定书、备忘录确定的检验检疫要求；

（二）进口国家或者地区的标准；

（三）贸易合同或者信用证注明的检验检疫要求。

均无上述标准或者要求的，按照中国法律法规及相关食品安全国家标准规定实施检验。

出口乳品的生产企业、出口商应当保证其出口乳品符合上述要求。

第三十二条 出口乳品经检验检疫符合相关要求的，检验检疫机构出具《出境货物通关单》或者《出境货物换证凭单》，并出具检验检疫证书；经检验检疫不合格的，出具《出境货物不合格通知单》，不得出口。

第三十三条 出口乳品出境口岸检验检疫机构按照出境货物换证查验的相关规定，检查货证是否相符。查验合格的，凭产地检验检疫机构出具的《出境货物换证凭单》换发《出境货物通关单》；查验不合格的，由口岸检验检疫机构出具不合格证明，不准出口。

产地检验检疫机构与口岸检验检疫机构应当建立信息交流机制，及时通报出口乳品在检验检疫过程中发现的卫生安全问题，并按照规定上报。

第三十四条 出口乳品生产经营者应当建立产品追溯制度，建立相关记录，保证追溯有效性。记录保存期限不得少于2年。

第三十五条 出口乳品生产企业应当建立样品管理制度，样品保管的条件、时间应当适合产品本身的特性，数重量应当满足检验要求。

第三十六条 检验检疫机构发现不符合法定要求的出口乳品时，可以将其生产经营者列入不良记录名单；对有违法行为并受到处罚的，可以将其列入违法企业名单并对外公布。

第四章 风险预警

第三十七条 国家质检总局和检验检疫机构应当收集和整理主动监测、执法监管、实验室检验、境外通报、国内机构组织通报、媒体网络报道、投诉举报以及相关部门转办等乳品安全信息。

第三十八条 进出口乳品生产经营者应当建立风险信息报告制度，制定乳品安全风险信息应急方案，并配备应急联络员；设立专职的风险信息报告员，对已发现的进出口乳品召回和处理情况等风险信息及时报告检验检疫机构。

第三十九条 检验检疫机构应当对经核准、整理的进出口乳品安全信息提出初步处理意见，并按照规定的要求和程序向国家质检总局报告，向地方政府、有关部门通报。

第四十条 国家质检总局和直属检验检疫局应当根据进出口乳品安全风险信息的级别发布风险预警通报。国家质检总局视情况可以发布风险预警通告，并决定采取以下措施：

（一）有条件地限制进出口，包括严密监控、加严检验、责令召回等；

（二）禁止进出口，就地销毁或者作退运处理；

（三）启动进出口乳品安全应急处置预案。

检验检疫机构负责组织实施风险预警及控制措施。

第四十一条 向中国出口乳品的国家或者地区发生可能影响乳品安全的动物疫病或者其他重大食品安全事件时，国家质检总局可以根据中国法律法规规定，对进口乳品采取本办法第四十条规定的风险预警及控制措施。

国家质检总局可以依据疫情变化、食品安全事件处置情况、出口国家或者地区政府主管部门和乳品生产企业提供的相关资料，经评估后调整风险预警及控制措施。

第四十二条 进出口乳品安全风险已不存在或者已降低到可接受的程度时，应当及时解除风险预警通报和风险预警通告及控制措施。

第四十三条 进口乳品存在安全问题，已经或者可能对人体健康和生命安全造成损害的，进口乳品进口商应当主动召回并向所在地检验检疫机构报告。进口乳品进口商应当向社会公布有关信息，通知批发、销售者停止批发、销售，告知消费者停止使用，做好召回乳品情况记录。

检验检疫机构接到报告后应当进行核查，根据进口乳品影响范围按照规定上报。

进口乳品进口商不主动实施召回的，由直属检验检疫局向其发出责令召回通知书并报告国家质检总局。必要时，国家质检总局可以责令召回。国家质检总局可以发布风险预警通报或者风险预警通告，并采取本办法第四十条规定的措施以及其他避免危害发生的措施。

第四十四条 发现出口的乳品存在安全问题，已经或者可能对人体健康和生命安全造成损害的，出口乳品生产经营者应当采取措施，避免和减少损害的发生，并立即向所在地检验检疫机构报告。

第四十五条 检验检疫机构在依法履行进出口乳品检验检疫监督管理职责时有权采取下列措施：

（一）进入生产经营场所实施现场检查；

（二）查阅、复制、查封、扣押有关合同、票据、账簿以及其他有关资料；

（三）查封、扣押不符合法定要求的产品，违法使用的原料、辅料、添加剂、农业投入品以及用于违法生产的工具、设备；

（四）查封存在危害人体健康和生命安全重大隐患的生产经营场所。

第四十六条　检验检疫机构应当按照有关规定将采取的控制措施向国家质检总局报告并向地方政府、有关部门通报。

国家质检总局按照有关规定将相关进出口乳品安全信息及采取的控制措施向有关部门通报。

第五章　法律责任

第四十七条　进口乳品经检验检疫不符合食品安全国家标准，擅自销售、使用的，由检验检疫机构按照食品安全法第八十五条、第八十九条的规定，没收违法所得、违法生产经营的乳品和用于违法生产经营的工具、设备、原料等物品；违法生产经营的乳品货值金额不足1万元的，并处2000元以上5万元以下罚款；货值金额1万元以上的，并处货值金额5倍以上10倍以下罚款；情节严重的，吊销许可证。

第四十八条　进口乳品进口商有下列情形之一，由检验检疫机构依照食品安全法第八十七条、第八十九条的规定，责令改正，给予警告；拒不改正的，处2000元以上2万元以下罚款；情节严重的，取消备案：

（一）未建立乳品进口、销售记录制度的；

（二）进口、销售记录制度不全面、不真实的；

（三）进口、销售记录保存期限不足2年的；

（四）记录发生涂改、损毁、灭失或者有其他情形无法反映真实情况的；

（五）伪造、变造进口、销售记录的。

第四十九条 进口乳品进口商有本办法第四十八条所列情形以外，其他弄虚作假行为的，由检验检疫机构按照特别规定第八条规定，没收违法所得和乳品，并处货值金额3倍的罚款；构成犯罪的，依法追究刑事责任。

第五十条 出口乳品出口商有下列情形之一，未遵守食品安全法规定出口乳品的，由检验检疫机构按照食品安全法第八十五条、第八十九条的规定，没收违法所得、违法生产经营的乳品和用于违法生产经营的工具、设备、原料等物品；违法生产经营的乳品货值金额不足1万元的，并处2000元以上5万元以下罚款；货值金额1万元以上的，并处货值金额5倍以上10倍以下罚款；情节严重的，取消出口乳品生产企业备案：

（一）未报检或者未经监督、检验合格擅自出口的；

（二）出口乳品经检验不合格，擅自出口的；

（三）擅自调换经检验检疫机构监督、抽检并已出具检验检疫证明的出口乳品的；

（四）出口乳品来自未经检验检疫机构备案的出口乳品生产企业的。

第五十一条 出口乳品生产经营者有本办法第五十条所列情形以外，其他弄虚作假行为的，由检验检疫机构按照特别规定第七条规定，没收违法所得和乳品，并处货值金额3倍的罚款；构成犯罪的，依法追究刑事责任。

第五十二条 有下列情形之一的，由检验检疫机构责令改正，有违法所得的，处以违法所得3倍以下罚款，最高不超过3万元；没有违法所得的，处1万元以下罚款。

（一）进口乳品进口商未在规定的期限内按照检验检疫机构要求处置不合格乳品的；

（二）进口乳品进口商违反本办法第十八条规定，在不合格进口乳品销毁或者退运前，未采取必要措施进行封存并单独存放的；

（三）进口乳品进口商将不合格进口乳品擅自调离检验检疫机构指定或者认可的场所的；

（四）出口生乳的奶畜养殖场奶畜养殖过程中违规使用农业化学投入品的；

（五）出口生乳的奶畜养殖场相关记录不真实或者保存期少于2年的；

（六）出口乳品生产经营者未建立追溯制度或者无法保证追溯制度有效性的；

（七）出口乳品生产企业未建立样品管理制度，或者保存的样品与实际不符的；

（八）出口乳品生产经营者违反本办法关于包装和运输相关规定的。

第五十三条 进出口乳品生产经营者、检验检疫机构及其工作人员有其他违法行为的，按照相关法律法规的规定处理。

第六章 附 则

第五十四条 进出口乳品进出口商对检验检疫结果有异议的,可以按照《进出口商品复验管理办法》的规定申请复验。

第五十五条 饲料用乳品、其他非食用乳品以及以快件、邮寄或者旅客携带方式进出口的乳品,按照国家有关规定办理。

第五十六条 本办法由国家质检总局负责解释。

第五十七条 本办法自2013年5月1日起施行。

大同市牛奶生产经营管理办法

大同市人民政府令

第 53 号

《大同市牛奶生产经营治理办法》已经 2005 年 10 月 10 日市人民政府第 29 次常务会议审议通过，现将修订后的《大同市牛奶生产经营治理办法》公布，自公布之日起施行。

大同市市长
2005 年 10 月 10 日

第一章 总 则

第一条 为加强牛奶生产、经营活动的管理，促进牛奶生产发展，满足人民生活需要，保障人民身体健康，维护牛奶生产者、经营者和消费者的合法权益，根据《山西省动物防疫条例》和《大同市动物和动物产品检疫条例》等有关法律、法规，结合本市实际，制定本办法。

第二条 在本市行政区域内从事奶牛养殖、牛奶生产、加工、销售的企业和个人，均应遵守本办法。

第三条 本办法所称牛奶，是指生鲜奶或以生鲜奶为原料加工制作的消毒奶和营养强化奶。

第四条 市、县（区）人民政府应将牛奶生产纳入国民经济发展计划,鼓励和扶持发展牛奶生产,保证牛奶质量,满足市场需求。

第五条 市、县(区)畜牧兽医行政管理部门负责本行政区域内的奶牛养殖、牛奶生产经营活动的管理工作。

市、县(区)卫生、质量技术监督、工商、物价等行政管理部门在各自职责范围内,协同做好牛奶生产经营活动的监督管理工作。

第二章 生产管理

第六条 市、县(区)人民政府应逐步增加奶牛业生产投入,重点用于生产性保护、基础设施建设、新品种开发与引进、新技术研究与推广应用。

第七条 市、县(区)畜牧兽医行政管理部门对奶牛实行登记造册。奶牛养殖企业和个人,应当建立奶牛登记卡。

第八条 实施科学选种、饲养,确保牛群质量。

奶牛的更新处理,应报市、县(区)畜牧兽医行政管理部门备案。由各级人民政府投资或补贴的奶牛养殖企业和个人,应经同级人民政府畜牧兽医行政管理部门批准,方可更新处理奶牛。

第九条 从外地(市)引进或销往外地(市)奶牛的,应报市、县(区)畜牧兽医行政管理部门批准,并经动物防疫监督机构隔离观察或检疫合格后方可运进或运出。

第十条 动物防疫监督机构应当定期进行奶牛疫病检查,对患有布氏杆菌病、结核病和其他人畜共患传染病的奶牛,应当隔离净化饲养,并进行无害化处理。

第十一条　奶牛养殖企业应当设有动物防疫员，定期对奶牛进行疫病检查和防治。

从事奶牛养殖的个人，应当接受当地动物防疫监督机构对奶牛进行的疫病检查和防治。

第十二条　奶牛养殖场应达到国务院畜牧兽医行政管理部门规定的动物防疫条件，并有与牛群相适应的室外活动场地和用不透水材料硬化地面、两侧设有排泄物清洗道的牛舍，定期清扫消毒。

第十三条　严格执行挤奶程序，防止牛奶污染。

盛奶容器应当无毒无害，实行定期消毒。

第十四条　从事挤奶的人员，应当进行年度健康检查，取得《健康合格证》后方可上岗。

第三章　加工管理

第十五条　牛奶加工企业应当具备下列条件：

（一）加工车间应当有更衣室、收奶间、工用具洗消间、消毒及冷却间、灌装间和冷藏间，生产酸奶应有培养菌种的专用房间。加工车间规模的大小应与产品的品种、产量相适应，并符合卫生要求。

（二）根据生产品种的不同，消毒牛奶应当具备瞬间灭菌设施、均质机、分离机等配套设备，并采用流水灌装线包装。

（三）有独立的化验室，可进行比重、脂肪、酸度、菌种、大肠杆菌群数、致病菌等常规检验。检验人员应经有关部门培训考核后，持证上岗。

第十六条　新建、扩建、改建牛奶加工企业（车间），应向市、县（区）畜牧兽医行政管理部门办理申请手续，并向卫生行政部门和工商行政管理部门领取《卫生许可证》和《营业执照》后，方可经营。

第十七条　牛奶加工企业收购生鲜奶，必须符合国家规定的质量和卫生标准。

禁止收购未经检疫或经检疫不合格的奶牛所产的牛奶，禁止收购污染奶、掺杂掺假奶。

第十八条　实行牛奶出厂（场）检验制度。禁止卫生和质量不合格的牛奶出厂（场）。

消毒奶的感官指标、理化指标和微生物指标必须符合国家规定标准。营养强化奶应制定企业标准，并经有关部门批准。

第十九条　牛奶包装材料应符合国家卫生标准，无毒无害；包装标识应当符合国家食品标签通用标准。

第二十条　从事牛奶加工的人员，应当进行年度健康检查，取得《健康合格证》后方可上岗。

第四章　销售管理

第二十一条　牛奶销售应按照定点定时，方便群众，多渠道经营的原则，合理布局销售网点。

第二十二条　牛奶销售点（亭）应领取《营业执照》，明码标价，并配备必要的冷藏设备。

第二十三条　牛奶销售人员应当进行年度健康检查，取得《健康合格证》后方可上岗。

第二十四条　禁止销售未经消毒的生鲜奶、散装奶和过期奶、变质奶、污染奶、掺杂掺假奶；禁止销售未经批准的牛奶加工企业生产的牛奶。

第二十五条 销售牛奶应执行国家有关价格管理规定，不得擅自提高价格，不得低价倾销。

第五章 法律责任

第二十六条 违反本办法，奶牛养殖场不符合动物防疫条件的，由市、县（区）畜牧兽医行政管理部门给予警告，责令改正，情节严重的，可并处1万元以上3万元以下罚款，拒不改正的，吊销其《动物防疫合格证》。

第二十七条 违反本办法，有下列行为之一的，由卫生行政部门依照《中华人民共和国食品卫生法》的规定处罚：

（一）未取得《卫生许可证》的；

（二）未取得《健康合格证》的；

（三）生产、收购、销售不符合卫生标准的牛奶的；

（四）使用有毒有害材料或未经消毒材料包装的牛奶的。

第二十八条 违反本办法，生产、销售牛奶有产品质量或计量问题的，由质量技术监督部门或其他有关部门依法处罚。

第二十九条 违反本办法，未领取《营业执照》的，由工商行政管理部门依法处罚。

第三十条 违反本办法，未经物价部门审核定价上市销售牛奶的；销售牛奶不执行明码标价的；擅自提价或低价倾销牛奶的，由物价部门依法处罚。

第三十一条 违反本办法，生产、加工、销售不合格牛奶造成公民身体伤害的，应当承担民事责任；构成犯罪的，依法追究刑事责任。

第三十二条 消费者对违反本办法的行为，有权向有关部门投诉或举报，有关部门应当依法及时予以处理。

第三十三条 任何单位和个人，不得拒绝有关部门依法进行的奶牛疫病防治和牛奶生产经营活动的监督检查，违反《中华人民共和国治安管理处罚法》的，由公安机关依法处理。

第三十四条 有关部门工作人员滥用职权、玩忽职守、徇私舞弊的，依法给予行政处分；构成犯罪的，依法追究刑事责任。

第六章　附　则

第三十五条 本办法自公布之日起施行。

南京市生鲜牛奶管理办法

南京人民政府令

第 233 号

《南京市生鲜牛奶管理办法》已经 2004 年 11 月 4 日市政府常务会议审议通过，现予发布，自 2005 年 1 月 1 日起施行。

二〇〇四年十一月十一日

第一章 总 则

第一条 为了规范牛奶生产经营活动，提高牛奶质量，保障食品安全与人民身体健康，维护生产者和消费者的合法权益，根据《中华人民共和国动物防疫法》、《江苏省动物防疫条例》等有关法律、法规，结合本市实际，制定本办法。

第二条 本办法所称生鲜牛奶，是指从母牛乳房内挤出的常乳。

第三条 在本市行政区域内从事牛奶生产、经营及监督管理活动，均应当遵守本办法。

第四条 生鲜牛奶的生产和经营应当科学饲养、保证质量、公平竞争，稳定产销关系，促进乳业持续健康发展。

第五条 各级人民政府应当制定扶持奶业发展的政策，对奶牛规范饲养的投入，应当重点用于基础设施建设，良种培育与引进、新技术研究与推广应用。

第六条 市畜牧行政管理部门是本市生鲜牛奶的行政主管部门。县（区）畜牧行政管理部门负责辖区内生鲜牛奶生产、经营的监督管理工作。

质量技术监督、工商、卫生等行政管理部门，应当按照各自职责，协助做好生鲜牛奶的管理工作。

第二章 奶牛饲养管理

第七条 各级人民政府应当鼓励单位和个人建设奶牛养殖小区，进行奶牛规模化饲养。分散养殖户的奶牛应当逐步进入当地的奶牛养殖小区。

第八条 奶牛养殖场（户）应当遵守下列规定：

（一）具备独立的奶牛饲养场区（舍）；

（二）牛舍、牛体和挤奶用具清洁卫生，符合动物防疫条件和卫生标准；

（三）建立饲养卫生管理制度、防疫消毒制度、"两病（结核病、布氏杆菌病）检疫"制度等相应的管理制度；

（四）按照奶牛饲养操作规程进行标准化饲养；

（五）配备与饲养量相适应的专业技术人员；

（六）稳定的无公害饲草基地。

第九条 奶牛饲养和挤奶操作人员必须持有卫生部门核发的健康证明，并每年进行一次健康检查。

禁止患有人畜共患传染性疾病的人员从事奶牛饲养、挤奶等工作。

第十条 奶牛饲养使用的饲料和兽药必须符合国家有关规定。禁止使用国家公布的违禁药物和添加剂。

第十一条 奶牛繁育必须选用具有合格证明的优质冻精配种，冻精应当来源于国家认可的有资质的种畜生产企业。

禁止使用低劣冻精配种。

奶牛养殖场（户）应当积极开展奶牛的选育选配工作，不断提高奶牛的品质，逐步淘汰劣质奶牛。

第十二条 奶牛养殖场（户）应当按照国家《动物防疫法》的要求对奶牛实行计划免疫和强制免疫，并建立免疫档案，佩带动物免疫标识，接受动物防疫监督机构对奶牛进行规定疫病的检查、监测和防治。

第十三条 奶牛养殖场（户）发现疫情，应当及时向动物防疫监督机构报告，不得瞒报、迟报、谎报或者阻碍他人报告疫情。

动物防疫监督机构发现患有国家规定强制免疫疫病的奶牛，应当及时采取相应防制措施。

第十四条 县（区）畜牧行政管理部门应当以场（户）建立奶牛登记卡，对饲养的奶牛登记造册。

奶牛养殖场（户）应当合理配置牛群结构，对奶牛逐一建立档案，并报县（区）

畜牧行政管理部门备案。

第十五条 奶牛交易应当持有检疫合格证明，染疫病牛不得进行交易。

从外地引进奶牛或者奶牛销往外地，应当经动物防疫监督机构检疫合格。

第三章　购销管理

第十六条　奶牛养殖场（户）应当逐步推行机械化挤奶，严格执行挤奶卫生操作程序，预防奶牛乳头感染，防止牛奶污染。盛奶容器必须无毒、无害，保持清洁。

第十七条　奶牛养殖场（户）应当及时将生鲜牛奶冷却在0℃—4℃（含4℃）之间，贮存期间牛奶温度应当保持在0℃—7℃（含7℃）之间；没有冷藏设备的场（户）应当在2小时内将生鲜牛奶送到收奶站或牛奶加工企业。

第十八条　生鲜牛奶收购应体现"按质论价，优质优价"的原则，根据国家有关标准，将脂肪、蛋白质指标作为生鲜牛奶收购的基础论价指标，将微生物、抗生素等指标作为附加论价指标。

第十九条　牛奶加工企业、收奶站和奶牛养殖场（户）应当遵循稳定发展、合同定购、以质论价的原则，建立利益共享、风险共担、互惠互利的合作机制。三者之间应分别签订购销合同，明确生鲜牛奶的质量、数量、价格和违约责任等内容，建立稳定的购销关系。

购销合同还应当载明下列事项：

（一）生鲜牛奶自然增长和季节性增长的处理办法；

（二）符合国家标准的生鲜牛奶的感官指标、理化指标和卫生指标。

禁止恶意串通或者采取其他不正当手段压级压价收购生鲜牛奶。

第二十条　禁止出售和收购下列不符合产品质量和防疫要

求的生鲜牛奶：

（一）乳腺炎奶和乳房创伤奶；

（二）奶牛产犊后7天内的初奶及临产前15天内的奶；

（三）应用抗生素类药物期间和休药期内的病牛的奶；

（四）患结核病、布氏杆菌病等传染病以及无检疫合格证的奶牛所产的牛奶；

（五）没有按《动物防疫法》规定接受强制免疫的奶牛所产的牛奶；

（六）掺水、掺杂以及掺入有毒、有害物质和变质的牛奶；

（七）其他不符合产品质量和防疫要求的牛奶。

第二十一条 收购生鲜牛奶单位应当具备下列条件：

（一）有与其收购牛奶相适应的安全、卫生的营业场所；

（二）有冷却、冷藏、保鲜设施；

（三）有对生鲜牛奶进行脂肪、比重、酸度检测的设备；

（四）有相应的卫生安全质量管理制度和措施。

第二十二条 收奶站应当配备生鲜牛奶质量检测人员，质量检测人员应当经有资质的培训机构培训合格。

第二十三条 收奶站应当对收购的生鲜牛奶进行检验，符合卫生和质量标准方可收购。购销双方发生质量纠纷时，应当协商解决；不能协商一致的，由具备检测资质的检测机构进行质量检测。畜牧行政管理部门可以根据检测结果进行调解。

第二十四条 牛奶加工企业收购生鲜牛奶，必须按照国家规定的质量和卫生标准检查验收，查验奶牛养殖场（户）符合动物防疫条件的证明和"两病"检测报告单。

牛奶加工企业不得收购不符合动物防疫条件的单位和个人销售的牛奶，不得拒收符合合同规定的自然增长和季节性增长的生鲜牛奶。

第二十五条 外地生鲜牛奶进入本市，应当持有当地动物防疫监督机构出具的动物产品防疫和检疫证明。

第四章　服务与监督

第二十六条 畜牧行政管理部门应当引导奶牛养殖场（户）和牛奶加工企业按市场需求组织生产经营。鼓励企业、事业单位和个人为奶业的生产提供资金、技术、市场信息等社会化服务。

畜牧行政管理部门应当制定规范化的合同格式并免费提供。

第二十七条 奶业行业协会应当发挥协调作用，为成员提供生产、营销、信息、技术、培训等服务，依法维护牛奶生产经营者的权益，加强行业自律，防止无序竞争。

第二十八条 畜牧、卫生、质量技术监督行政管理部门应当按照各自职责，依法对生产和经营环节的牛奶质量定期进行抽检，抽检结果应当及时公布。不同层级的相同部门在同一检验期内对同一产品不得重复抽检。

第二十九条 对违反本办法的行为，任何单位和个人有权向畜牧行政管理部门及有关部门举报。

第三十条 畜牧行政管理部门可以设置监督信箱，公布监督电话，受理生产经营者和消费者的举报或者投诉，并依法予以处理。属于有关行政管理部门调查处理的事项，畜牧行政管理部门应当及时提请有关部门处理。

第五章 罚 则

第三十一条 违反本办法第十一条第一款、第二款规定的，由畜牧行政管理部门处以2000元以下罚款。

第三十二条 违反本办法第二十条规定，出售和收购不符合产品质量和防疫要求的生鲜牛奶，由畜牧行政管理部门责令停止出售和收购，销毁不符合产品质量和防疫要求的牛奶；情节严重的，可处以1000元以上30000元以下罚款。

第三十三条 违反本办法第二十一条规定，不具备收购生鲜牛奶条件的，由畜牧行政管理部门责令限期改正；逾期不改的，可处以500元以上2000元以下罚款。

第三十四条 违反本办法第十五条第一款规定，由动物防疫监督机构责令停止交易，立即采取有效措施收回已售出的奶牛，没收违法所得和未售出的奶牛；情节严重的，可以并处违法所得5倍以下罚款。

违反本办法第十五条第二款规定，无检疫证明运输奶牛的，由动物防疫监督机构给予警告，责令改正；情节严重的，可以对托运人和承运人分别处以运输费用3倍以下的罚款。

第三十五条 奶牛养殖场（户）、收奶站和牛奶加工企业未达到动物防疫条件的，由动物防疫监督机构按照《中华人民共和国动物防疫法》和《江苏省动物防疫条例》的有关规定进行处理。

第三十六条 违反本办法规定，法律、法规规定由卫生、工商、质量技术监督等行政管理部门给予处罚的，从其规定。

第三十七条 当事人对行政处罚决定不服的，可依法申请行政复议或者提起行政诉讼。

第三十八条 妨碍畜牧行政管理部门、动物防疫监督机构和有关行政管理部门工作人员执行公务的，由公安机关按照《中华人民共和国治安管理处罚条例》给予处罚；构成犯罪的，依法追究刑事责任。

第三十九条 畜牧行政管理部门、动物防疫监督机构和有关行政管理部门工作人员滥用职权、玩忽职守、徇私舞弊的，由所在单位或者上级主管部门给予行政处分；构成犯罪的，依法追究刑事责任。

第六章 附 则

第四十条 本办法自 2005 年 1 月 1 日起施行。

全国普法学习读本

★ ★ ★ ★ ★

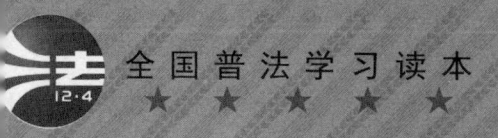

农村经济法律法规读本

生肉乳品法律法规学习读本

生鲜肉品法律法规

李 勇 主编

汕头大学出版社

图书在版编目（CIP）数据

生鲜肉品法律法规／李勇主编．－－汕头：汕头大学出版社（2021.7重印）

（生肉乳品法律法规学习读本）

ISBN 978-7-5658-3200-0

Ⅰ．①生… Ⅱ．①李… Ⅲ．①肉品加工-食品卫生法-中国-学习参考资料 Ⅳ．①D922.164

中国版本图书馆 CIP 数据核字（2017）第 254810 号

生鲜肉品法律法规　　SHENGXIAN ROUPIN FALÜ FAGUI

主　　编：	李勇
责任编辑：	邹　峰
责任技编：	黄东生
封面设计：	大华文苑
出版发行：	汕头大学出版社
	广东省汕头市大学路 243 号汕头大学校园内　邮政编码：515063
电　　话：	0754-82904613
印　　刷：	三河市南阳印刷有限公司
开　　本：	690mm×960mm 1/16
印　　张：	18
字　　数：	226 千字
版　　次：	2017 年 10 月第 1 版
印　　次：	2021 年 7 月第 2 次印刷
定　　价：	59.60 元（全 2 册）

ISBN 978-7-5658-3200-0

版权所有，翻版必究

如发现印装质量问题，请与承印厂联系退换

前　言

习近平总书记指出："推进全民守法，必须着力增强全民法治观念。要坚持把全民普法和守法作为依法治国的长期基础性工作，采取有力措施加强法制宣传教育。要坚持法治教育从娃娃抓起，把法治教育纳入国民教育体系和精神文明创建内容，由易到难、循序渐进不断增强青少年的规则意识。要健全公民和组织守法信用记录，完善守法诚信褒奖机制和违法失信行为惩戒机制，形成守法光荣、违法可耻的社会氛围，使遵法守法成为全体人民共同追求和自觉行动。"

中共中央、国务院曾经转发了中央宣传部、司法部关于在公民中开展法治宣传教育的规划，并发出通知，要求各地区各部门结合实际认真贯彻执行。通知指出，全民普法和守法是依法治国的长期基础性工作。深入开展法治宣传教育，是全面建成小康社会和新农村的重要保障。

普法规划指出：各地区各部门要根据实际需要，从不同群体的特点出发，因地制宜开展有特色的法治宣传教育坚持集中法治宣传教育与经常性法治宣传教育相结合，深化法律进机关、进乡村、进社区、进学校、进企业、进单位的"法律六进"主题活动，完善工作标准，建立长效机制。

特别是农业、农村和农民问题，始终是关系党和人民事业发展的全局性和根本性问题。党中央、国务院发布的《关于推进社会主义新农村建设的若干意见》中明确提出要"加强农村法制建设，深入开展农村普法教育，增强农民的法制观念，提高农民依法行使权利和履行义务的自觉性。"多年普法实践证明，普及法律知识，提高法制观念，增强全社会依法办事意识具有重要作用。特别是在广大农村进行普法教育，是提高全民法律素质的需要。

多年来，我国在农村实行的改革开放取得了极大成功，农村发生了翻天覆地的变化，广大农民生活水平大大得到了提高。但是，由于历史和社会等原因，现阶段我国一些地区农民文化素质还不高，不学法、不懂法、不守法现象虽然较原来有所改变，但仍有相当一部分群众的法制观念仍很淡化，不懂、不愿借助法律来保护自身权益，这就极易受到不法的侵害，或极易进行违法犯罪活动，严重阻碍了全面建成小康社会和新农村步伐。

为此，根据党和政府的指示精神以及普法规划，特别是根据广大农村农民的现状，在有关部门和专家的指导下，特别编辑了这套《全国普法学习读本》。主要包括了广大人民群众应知应懂、实际实用的法律法规。为了辅导学习，附录还收入了相应法律法规的条例准则、实施细则、解读解答、案例分析等；同时为了突出法律法规的实际实用特点，兼顾地方性和特殊性，附录还收入了部分某些地方性法律法规以及非法律法规的政策文件、管理制度、应用表格等内容，拓展了本书的知识范围，使法律法规更"接地气"，便于读者学习掌握和实际应用。

在众多法律法规中，我们通过甄别，淘汰了废止的，精选了最新的、权威的和全面的。但有部分法律法规有些条款不适应当下情况了，却没有颁布新的，我们又不能擅自改动，只得保留原有条款，但附录却有相应的补充修改意见或通知等。众多法律法规根据不同内容和受众特点，经过归类组合，优化配套。整套普法读本非常全面系统，具有很强的学习性、实用性和指导性，非常适合用于广大农村和城乡普法学习教育与实践指导。总之，是全国全民普法的良好读本。

目 录

生猪屠宰管理条例

第一章　总　则 …………………………………… (2)
第二章　生猪定点屠宰 ……………………………… (2)
第三章　监督管理 …………………………………… (5)
第四章　法律责任 …………………………………… (6)
第五章　附　则 …………………………………… (9)
附　录
　生猪屠宰管理条例实施办法 ……………………… (11)
　生猪定点屠宰厂（场）病害猪无害化处理管理办法 … (22)
　屠宰环节病害猪无害化处理财政补贴资金管理
　　暂行办法 ……………………………………… (35)
　商务部关于加强乡镇生猪进点屠宰管理的紧急通知 … (38)
　湖北省生猪屠宰管理办法 ………………………… (42)
　湖南省生猪屠宰管理条例 ………………………… (51)
　广东省生猪屠宰管理规定 ………………………… (61)
　屠宰执法监督检查人员管理办法 ………………… (66)
　黑龙江省畜禽屠宰管理条例 ……………………… (70)
　内蒙古自治区牛羊屠宰管理办法 ………………… (85)
　贵州省牲畜屠宰条例 ……………………………… (97)

中央储备肉管理办法

第一章　总　则 ·· （113）

第二章　职责分工 ······································ （114）

第三章　资质管理 ······································ （115）

第四章　入储管理 ······································ （117）

第五章　在库（栏）管理 ······························ （118）

第六章　轮换管理 ······································ （119）

第七章　出库（栏）和动用管理 ···················· （120）

第八章　质量管理 ······································ （121）

第九章　监督检查 ······································ （121）

第十章　罚　则 ·· （122）

第十一章　附　则 ······································ （123）

附　录

　　国家储备肉操作管理办法 ························ （124）

　　国家储备肉定点生产厂、储存库管理试行办法 ········ （127）

　　榆林市人民政府办公室关于进一步规范冷鲜肉

　　　经营行为的实施意见 ··························· （132）

生猪屠宰管理条例

中华人民共和国国务院令

第 666 号

《国务院关于修改部分行政法规的决定》已经 2016 年 1 月 13 日国务院第 119 次常务会议通过，现予公布，自公布之日起施行。

总理　李克强

2016 年 2 月 6 日

（1997 年 12 月 19 日国务院令第 238 号发布，2007 年 12 月 19 日国务院第 201 次常务会议修订通过，2008 年 5 月 25 日国务院令第 525 号公布；根据 2011 年 01 月 08 日《国务院关于废止和修改部分行政法规的决定》第一次修订；根据 2016 年 02 月 06 日《国务院关于修改部分行政法规的决定》第二次修订）

第一章 总 则

第一条 为了加强生猪屠宰管理，保证生猪产品质量安全，保障人民身体健康，制定本条例。

第二条 国家实行生猪定点屠宰、集中检疫制度。

未经定点，任何单位和个人不得从事生猪屠宰活动。但是，农村地区个人自宰自食的除外。

在边远和交通不便的农村地区，可以设置仅限于向本地市场供应生猪产品的小型生猪屠宰场点，具体管理办法由省、自治区、直辖市制定。

第三条 国务院畜牧兽医行政主管部门负责全国生猪屠宰的行业管理工作。县级以上地方人民政府畜牧兽医主管部门负责本行政区域内生猪屠宰活动的监督管理。

县级以上人民政府有关部门在各自职责范围内负责生猪屠宰活动的相关管理工作。

第四条 国家根据生猪定点屠宰厂（场）的规模、生产和技术条件以及质量安全管理状况，推行生猪定点屠宰厂（场）分级管理制度，鼓励、引导、扶持生猪定点屠宰厂（场）改善生产和技术条件，加强质量安全管理，提高生猪产品质量安全水平。生猪定点屠宰厂（场）分级管理的具体办法由国务院畜牧兽医行政主管部门制定。

第二章 生猪定点屠宰

第五条 生猪定点屠宰厂（场）的设置规划（以下简称设

置规划），由省、自治区、直辖市人民政府畜牧兽医行政主管部门会同环境保护主管部门以及其他有关部门，按照合理布局、适当集中、有利流通、方便群众的原则，结合本地实际情况制订，报本级人民政府批准后实施。

第六条　生猪定点屠宰厂（场）由设区的市级人民政府根据设置规划，组织畜牧兽医行政主管部门、环境保护主管部门以及其他有关部门，依照本条例规定的条件进行审查，经征求省、自治区、直辖市人民政府畜牧兽医行政主管部门的意见确定，并颁发生猪定点屠宰证书和生猪定点屠宰标志牌。

设区的市级人民政府应当将其确定的生猪定点屠宰厂（场）名单及时向社会公布，并报省、自治区、直辖市人民政府备案。

第七条　生猪定点屠宰厂（场）应当将生猪定点屠宰标志牌悬挂于厂（场）区的显著位置。

生猪定点屠宰证书和生猪定点屠宰标志牌不得出借、转让。任何单位和个人不得冒用或者使用伪造的生猪定点屠宰证书和生猪定点屠宰标志牌。

第八条　生猪定点屠宰厂（场）应当具备下列条件：

（一）有与屠宰规模相适应、水质符合国家规定标准的水源条件；

（二）有符合国家规定要求的待宰间、屠宰间、急宰间以及生猪屠宰设备和运载工具；

（三）有依法取得健康证明的屠宰技术人员；

（四）有经考核合格的肉品品质检验人员；

（五）有符合国家规定要求的检验设备、消毒设施以及符合环境保护要求的污染防治设施；

（六）有病害生猪及生猪产品无害化处理设施；

（七）依法取得动物防疫条件合格证。

第九条　生猪屠宰的检疫及其监督，依照动物防疫法和国务院的有关规定执行。

生猪屠宰的卫生检验及其监督，依照食品安全法的规定执行。

第十条　生猪定点屠宰厂（场）屠宰的生猪，应当依法经动物卫生监督机构检疫合格，并附有检疫证明。

第十一条　生猪定点屠宰厂（场）屠宰生猪，应当符合国家规定的操作规程和技术要求。

第十二条　生猪定点屠宰厂（场）应当如实记录其屠宰的生猪来源和生猪产品流向。生猪来源和生猪产品流向记录保存期限不得少于2年。

第十三条　生猪定点屠宰厂（场）应当建立严格的肉品品质检验管理制度。肉品品质检验应当与生猪屠宰同步进行，并如实记录检验结果。检验结果记录保存期限不得少于2年。

经肉品品质检验合格的生猪产品，生猪定点屠宰厂（场）应当加盖肉品品质检验合格验讫印章或者附具肉品品质检验合格标志。经肉品品质检验不合格的生猪产品，应当在肉品品质检验人员的监督下，按照国家有关规定处理，并如实记录处理情况；处理情况记录保存期限不得少于2年。

生猪定点屠宰厂（场）的生猪产品未经肉品品质检验或者经肉品品质检验不合格的，不得出厂（场）。

第十四条　生猪定点屠宰厂（场）对病害生猪及生猪产品

进行无害化处理的费用和损失,按照国务院财政部门的规定,由国家财政予以适当补助。

第十五条 生猪定点屠宰厂(场)以及其他任何单位和个人不得对生猪或者生猪产品注水或者注入其他物质。

生猪定点屠宰厂(场)不得屠宰注水或者注入其他物质的生猪。

第十六条 生猪定点屠宰厂(场)对未能及时销售或者及时出厂(场)的生猪产品,应当采取冷冻或者冷藏等必要措施予以储存。

第十七条 任何单位和个人不得为未经定点违法从事生猪屠宰活动的单位或者个人提供生猪屠宰场所或者生猪产品储存设施,不得为对生猪或者生猪产品注水或者注入其他物质的单位或者个人提供场所。

第十八条 从事生猪产品销售、肉食品生产加工的单位和个人以及餐饮服务经营者、集体伙食单位销售、使用的生猪产品,应当是生猪定点屠宰厂(场)经检疫和肉品品质检验合格的生猪产品。

第十九条 地方人民政府及其有关部门不得限制外地生猪定点屠宰厂(场)经检疫和肉品品质检验合格的生猪产品进入本地市场。

第三章 监督管理

第二十条 县级以上地方人民政府应当加强对生猪屠宰监督管理工作的领导,及时协调、解决生猪屠宰监督管理工作中的重大问题。

第二十一条　畜牧兽医行政主管部门应当依照本条例的规定严格履行职责，加强对生猪屠宰活动的日常监督检查。

畜牧兽医行政主管部门依法进行监督检查，可以采取下列措施：

（一）进入生猪屠宰等有关场所实施现场检查；

（二）向有关单位和个人了解情况；

（三）查阅、复制有关记录、票据以及其他资料；

（四）查封与违法生猪屠宰活动有关的场所、设施，扣押与违法生猪屠宰活动有关的生猪、生猪产品以及屠宰工具和设备。

畜牧兽医行政主管部门进行监督检查时，监督检查人员不得少于2人，并应当出示执法证件。

对畜牧兽医行政主管部门依法进行的监督检查，有关单位和个人应当予以配合，不得拒绝、阻挠。

第二十二条　畜牧兽医行政主管部门应当建立举报制度，公布举报电话、信箱或者电子邮箱，受理对违反本条例规定行为的举报，并及时依法处理。

第二十三条　畜牧兽医行政主管部门在监督检查中发现生猪定点屠宰厂（场）不再具备本条例规定条件的，应当责令其限期整改；逾期仍达不到本条例规定条件的，由设区的市级人民政府取消其生猪定点屠宰厂（场）资格。

第四章　法律责任

第二十四条　违反本条例规定，未经定点从事生猪屠宰活动的,由畜牧兽医行政主管部门予以取缔,没收生猪、生猪产品、屠宰工具和设备以及违法所得,并处货值金额3倍以上5倍以下的罚款;货值金额难以确定的,对单位并处10万元以上20万元以下的罚款,对个人并处5000元以上1万元以下的罚款;构成犯罪的,依法追究刑事责任。

冒用或者使用伪造的生猪定点屠宰证书或者生猪定点屠宰标志牌的,依照前款的规定处罚。

生猪定点屠宰厂(场)出借、转让生猪定点屠宰证书或者生猪定点屠宰标志牌的,由设区的市级人民政府取消其生猪定点屠宰厂(场)资格;有违法所得的,由畜牧兽医行政主管部门没收违法所得。

第二十五条　生猪定点屠宰厂(场)有下列情形之一的,由畜牧兽医行政主管部门责令限期改正,处2万元以上5万元以下的罚款;逾期不改正的,责令停业整顿,对其主要负责人处5000元以上1万元以下的罚款:

(一)屠宰生猪不符合国家规定的操作规程和技术要求的;

(二)未如实记录其屠宰的生猪来源和生猪产品流向的;

(三)未建立或者实施肉品品质检验制度的;

(四)对经肉品品质检验不合格的生猪产品未按照国家有关规定处理并如实记录处理情况的。

第二十六条　生猪定点屠宰厂(场)出厂(场)未经肉品品质检验或者经肉品品质检验不合格的生猪产品的,由畜牧兽医行政主管部门责令停业整顿,没收生猪产品和违法所得,并处货值金额1倍以上3倍以下的罚款,对其主要负责人处1万元以上2万元以下的罚款;货值金额难以确定的,并处5万元以上 10 万元以下的罚款；造成严重后果的，由设区的市级人民政府取消其生猪定点屠宰厂（场）资格；构成犯罪的，依法追究刑事责任。

第二十七条 生猪定点屠宰厂（场）、其他单位或者个人对生猪、生猪产品注水或者注入其他物质的，由畜牧兽医行政主管部门没收注水或者注入其他物质的生猪、生猪产品、注水工具和设备以及违法所得，并处货值金额 3 倍以上 5 倍以下的罚款，对生猪定点屠宰厂（场）或者其他单位的主要负责人处 1 万元以上 2 万元以下的罚款；货值金额难以确定的，对生猪定点屠宰厂（场）或者其他单位并处 5 万元以上 10 万元以下的罚款，对个人并处 1 万元以上 2 万元以下的罚款；构成犯罪的，依法追究刑事责任。

生猪定点屠宰厂（场）对生猪、生猪产品注水或者注入其他物质的，除依照前款的规定处罚外，还应当由畜牧兽医行政主管部门责令停业整顿；造成严重后果，或者两次以上对生猪、生猪产品注水或者注入其他物质的，由设区的市级人民政府取消其生猪定点屠宰厂（场）资格。

第二十八条 生猪定点屠宰厂（场）屠宰注水或者注入其他物质的生猪的，由畜牧兽医行政主管部门责令改正，没收注水或者注入其他物质的生猪、生猪产品以及违法所得，并处货值金额 1 倍以上 3 倍以下的罚款，对其主要负责人处 1 万元以上 2 万元以下的罚款；货值金额难以确定的，并处 2 万元以上 5 万元以下的罚款；拒不改正的，责令停业整顿；造成严重后果的，由设区的市级人民政府取消其生猪定点屠宰厂（场）资格。

第二十九条　从事生猪产品销售、肉食品生产加工的单位和个人以及餐饮服务经营者、集体伙食单位，销售、使用非生猪定点屠宰厂（场）屠宰的生猪产品、未经肉品品质检验或者经肉品品质检验不合格的生猪产品以及注水或者注入其他物质的生猪产品的，由食品药品监督管理部门没收尚未销售、使用的相关生猪产品以及违法所得，并处货值金额3倍以上5倍以下的罚款；货值金额难以确定的，对单位处5万元以上10万元以下的罚款，对个人处1万元以上2万元以下的罚款；情节严重的，由发证（照）机关吊销有关证照；构成犯罪的，依法追究刑事责任。

第三十条　为未经定点违法从事生猪屠宰活动的单位或者个人提供生猪屠宰场所或者生猪产品储存设施，或者为对生猪、生猪产品注水或者注入其他物质的单位或者个人提供场所的，由畜牧兽医行政主管部门责令改正，没收违法所得，对单位并处2万元以上5万元以下的罚款，对个人并处5000元以上1万元以下的罚款。

第三十一条　畜牧兽医行政主管部门和其他有关部门的工作人员在生猪屠宰监督管理工作中滥用职权、玩忽职守、徇私舞弊，构成犯罪的，依法追究刑事责任；尚不构成犯罪的，依法给予处分。

第五章　附　则

第三十二条　省、自治区、直辖市人民政府确定实行定点屠宰的其他动物的屠宰管理办法，由省、自治区、直辖市根据本地区的实际情况，参照本条例制定。

第三十三条 本条例所称生猪产品，是指生猪屠宰后未经加工的胴体、肉、脂、脏器、血液、骨、头、蹄、皮。

第三十四条 本条例施行前设立的生猪定点屠宰厂（场），自本条例施行之日起180日内，由设区的市级人民政府换发生猪定点屠宰标志牌，并发给生猪定点屠宰证书。

第三十五条 生猪定点屠宰证书、生猪定点屠宰标志牌以及肉品品质检验合格验讫印章和肉品品质检验合格标志的式样，由国务院畜牧兽医行政主管部门统一规定。

第三十六条 本条例自2008年8月1日起施行。

附 录

生猪屠宰管理条例实施办法

中华人民共和国商务部令
2008 年第 13 号

《生猪屠宰管理条例实施办法》已经 2008 年 7 月 16 日商务部第 9 次部务会议审议通过,现予公布,自 2008 年 8 月 1 日起施行。

中华人民共和国商务部
二〇〇八年七月二十八日

第一章 总 则

第一条 为了加强生猪屠宰监督管理,规范生猪屠宰经营行为,保证生猪产品质量安全,保障人民身体健康,根据《生猪屠宰管理条例》(以下简称《条例》)和国家有关法律、行政法规,制定本办法。

第二条 商务部负责全国生猪屠宰的行业管理工作,组织制定屠宰行业发展规划,完善屠宰行业标准体系,指导省级商务主管部门制订生猪定点屠宰厂（场）设置规划。

县级以上商务主管部门负责本行政区域内生猪屠宰活动的监督管理。省级商务主管部门会同畜牧兽医主管部门、环境保护部门以及其他有关部门，按照合理布局、适当集中、有利流通、方便群众的原则，结合本地实际情况制订生猪定点屠宰厂（场）设置规划，报本级人民政府批准后实施。

第三条 国家扶持生猪定点屠宰厂（场）技术创新、新产品研发，鼓励向机械化、规模化、标准化方向发展，推广质量控制体系认证。

第四条 各级商务主管部门应对在生猪屠宰管理和屠宰技术研究、推广方面做出突出贡献的单位和个人给予表彰和奖励。

第五条 国家鼓励生猪定点屠宰厂（场）在自愿的基础上依法成立专业化行业协会、学会，发挥协调和自律作用，维护成员和行业利益。

第二章　生猪定点屠宰厂（场）的设立

第六条 生猪定点屠宰厂（场）的设立（包括新建、改建、扩建）应符合省级人民政府批准的生猪定点屠宰厂（场）设置规划。

第七条 生猪定点屠宰厂（场）的设立应符合《条例》第八条规定的条件。

（一）依照《条例》第八条第（一）项的规定，生猪定点屠宰厂（场）应当有与屠宰规模相适应的充足水源，水质符合国家规定的城乡生活饮用水卫生标准。

（二）依照《条例》第八条第（二）项的规定，生猪定点屠宰厂（场）应当设有待宰间、屠宰间、急宰间，其建筑和布局，应符合《猪屠宰与分割车间设计规范》的规定。生猪屠宰设备和运输工具应符合国家规定要求。

（三）依照《条例》第八条第（三）项的规定，生猪定点屠宰厂（场）必须配备与屠宰规模相适应的屠宰技术人员。屠宰技术人员必须持有县级以上医疗机构开具的健康证明。

（四）依照《条例》第八条第（四）项的规定，生猪定点屠宰厂（场）必须配备与屠宰规模相适应、经考核合格的肉品品质检验人员。

（五）依照《条例》第八条第（五）项的规定，生猪定点屠宰厂（场）应当配备符合屠宰工艺和《生猪屠宰产品品质检验规程》要求的检验设备，备有适用的消毒设施、消毒药品。

生猪定点屠宰厂（场）的污染物处理设施，应当达到排放的废水、废气、废物和噪声等符合国家环保规定的要求。

（六）依照《条例》第八条第（六）项的规定，生猪定点屠宰厂（场）应当配备符合病害生猪及生猪产品无害化处理标准的无害化处理设施。

（七）依照《条例》第八条第（七）项的规定，生猪定点屠宰厂（场）应依法取得动物防疫条件合格证。

第八条 申请设立生猪定点屠宰厂（场），应当向设区的市级人民政府提出书面申请，并提交符合《条例》第八条规定条件的有关技术资料、说明文件。设区的市级人民政府根据设置规划，组织商务主管部门、畜牧兽医主管部门、环境保护部门以及其他有关部门，依照《条例》规定的条件进行审查。

设区的市级人民政府应当就申请设立的生猪定点屠宰厂（场）是否符合生猪定点屠宰厂（场）设置规划，书面征求省级商务主管部门意见。不符合生猪定点屠宰厂（场）设置规划的，不得予以批准。

申请人获得设区的市级人民政府做出的同意的书面决定后，方可开工建设屠宰厂（场）。

第九条 生猪定点屠宰厂（场）建成竣工后，设区的市级人民政府应当组织有关部门进行验收。符合《条例》规定的，颁发生猪定点屠宰证书和生猪定点屠宰标志牌。

申请人应持生猪定点屠宰证书向工商行政管理部门办理登记手续。

第十条 设区的市级商务主管部门和省级商务主管部门应当将本行政区域内生猪定点屠宰证书和标志牌发放情况及时报送上级商务主管部门。

商务部在政府网站定期公布全国生猪定点屠宰厂（场）名单。

第三章 屠宰与检验

第十一条 生猪定点屠宰厂（场）应当建立生猪进厂（场）检查登记制度。进厂（场）屠宰的生猪，应当持有生猪产地动物卫生监督机构出具的检疫合格证明。

第十二条 生猪定点屠宰厂（场）应当建立严格的生猪屠宰和肉品检验管理制度，并在屠宰车间显著位置明示生猪屠宰操作工艺流程图和肉品品质检验工序位置图。

第十三条 生猪定点屠宰厂（场）应当按照国家规定的操

作规程和技术要求屠宰生猪，宰前停食静养不少于 12 小时，实施淋浴、致昏、放血、脱毛或者剥皮、开膛净腔（整理副产品）、劈半、整修等基本工艺流程。

鼓励生猪定点屠宰厂（场）按照国家有关标准规定，实施人道屠宰。

第十四条 生猪定点屠宰厂（场）应当按照国家规定的肉品品质检验规程进行检验。肉品品质检验包括宰前检验和宰后检验。检验内容包括健康状况、传染性疾病和寄生虫病以外的疾病、注水或者注入其他物质、有害物质、有害腺体、白肌肉（PSE 肉）或黑干肉（DFD 肉）、种猪及晚阉猪以及国家规定的其他检验项目。

第十五条 肉品品质检验应当与生猪屠宰同步进行。同步检验应当设置同步检验装置或者采用头、胴体与内脏统一编号对照方法进行。

肉品品质检验的具体部位和方法，按照《生猪屠宰产品品质检验规程》和其他相关标准规定执行。

第十六条 经肉品品质检验合格的猪胴体，应当加盖肉品品质检验合格验讫章，并附具《肉品品质检验合格证》后方可出厂（场）；检验合格的其他生猪产品（含分割肉品）应当附具《肉品品质检验合格证》。

第十七条 对检出的病害生猪及生猪产品，应当按照国家有关规定进行无害化处理。

第十八条 国家对肉品品质检验人员实行持证上岗制度。从事肉品品质检验的人员，必须具备中专以上或同等学历水平，并经考核合格。

第四章 经营管理

第十九条 生猪定点屠宰厂（场）应当建立质量追溯制度。如实记录活猪进厂（场）时间、数量、产地、供货者、屠宰与检验信息及出厂时间、品种、数量和流向。记录保存不得少于二年。

鼓励生猪定点屠宰厂（场）采用现代信息技术，建立产品质量追溯系统。

第二十条 生猪定点屠宰厂（场）应当建立缺陷产品召回制度。发现其生产的产品不安全时，应当立即停止生产，向社会公布有关信息，通知销售者停止销售，告知消费者停止使用，召回已经上市销售的产品，并向当地商务主管部门报告。

生猪定点屠宰厂（场）对召回的产品应当采取无害化处理措施，防止该产品再次流入市场。

第二十一条 生猪定点屠宰厂（场）应当建立信息报送制度。按照国家《生猪等畜禽屠宰统计报表制度》的要求，及时报送屠宰、销售等相关信息。

第二十二条 生猪定点屠宰厂（场）应当使用符合国家卫生标准的专用运载工具，并符合保证产品运输需要的温度等特殊要求。生猪和生猪产品应使用不同的运载工具运输；运送片猪肉，应使用防尘或者设有吊挂设施的专用车辆，不得敞运。

第二十三条 生猪定点屠宰厂（场）所有权或经营权发生变更的，应当及时向当地商务主管部门备案。

生猪定点屠宰厂（场）歇业、停业超过30天的，应当提前10天向当地商务主管部门报告；超过180天的，商务主管部门应报请设区的市级人民政府对定点屠宰厂（场）是否符合《条例》规定的条件进行审查。不再具备《条例》规定条件的，应当责令其限期整改；逾期仍达不到《条例》规定条件的，由设区的市级人民政府取消其生猪定点屠宰厂（场）资格。

第二十四条　生猪定点屠宰厂（场）屠宰的种猪和晚阉猪，应当在胴体和《肉品品质检验合格证》上标明相关信息。

第五章　证、章、标志牌管理

第二十五条　本办法所称的生猪屠宰证、章、标志牌包括：

（一）生猪定点屠宰标志牌、生猪定点屠宰证书；

（二）生猪定点屠宰厂（场）等级标志牌、生猪定点屠宰厂（场）等级证书、生猪定点屠宰厂（场）等级标识；

（三）肉品品质检验合格验讫章、肉品品质检验合格证；

（四）无害化处理印章；

（五）商务部规定设置的其他证、章、标志牌；

第二十六条　商务部统一规定证、章、标志牌的编码规则、格式和制作要求，建立全国生猪屠宰证、章、标志牌管理数据库。

第二十七条　省级商务主管部门负责本行政区域内生猪屠宰证、章和标志牌的管理工作，按照商务部规定的编码规则，对本行政区域内生猪屠宰证、章、标志牌进行统一编码；负责统一制作肉品品质检验合格验讫章、肉品品质检验合格证、无害化处理印章。

第二十八条 市、县商务主管部门负责监督本行政区域内生猪屠宰证、章和标志牌的使用；颁发本行政区域内肉品品质检验合格验讫章、肉品品质检验合格证、无害化处理印章。

设区的市级商务主管部门负责制作、管理生猪定点屠宰标志牌、生猪定点屠宰证书。

第二十九条 县级以上商务主管部门应当建立生猪屠宰证、章和标志牌管理制度，依据各自职责，严格制作、保管、发放程序。

第三十条 生猪定点屠宰厂（场）应当建立本企业生猪定点屠宰证、章、标志牌的保管和使用管理制度。

第三十一条 任何单位和个人不得冒用、使用伪造、出借、转让生猪屠宰证、章、标志牌。

第三十二条 发放生猪屠宰证、章、标志牌，可以依据国家有关法律法规规定收取工本费。

第六章 监督管理

第三十三条 各级商务主管部门应当根据实际工作需要建立屠宰管理机构，配备必要的管理人员和执法人员。

第三十四条 县级以上地方商务主管部门应当定期向本级政府报告生猪屠宰管理情况，争取当地政府及财政部门的支持，落实生猪屠宰管理、执法等所需经费，确保生猪屠宰管理和执法监督检查工作顺利进行。

发生大规模私屠滥宰、注水、暴力抗法等重大问题时，商务主管部门应当及时报请本级政府协调有关部门开展联合执法。

第三十五条　商务主管部门应当依据《条例》第二十一条规定的方式和要求，对生猪屠宰活动依法进行监督检查。

第三十六条　生猪屠宰监督检查的内容包括生猪定点屠宰厂（场）的日常生产经营活动和违反《条例》规定的各项制度和要求的私屠滥宰、注水、加工病害肉等违法活动。

第三十七条　生猪屠宰监督检查人员进行监督检查时，不得妨碍生猪定点屠宰厂（场）正常的生产经营活动，并不得收取任何费用。

第七章　法律责任

第三十八条　违反本办法第十二条、十三条、十四条、十五条、十六条、十九条规定，生猪定点屠宰厂（场）未建立并实施生猪屠宰、检验、质量追溯等制度的，由商务主管部门依照《条例》第二十五条的规定处罚。

第三十九条　违反本办法第二十条第一款规定，生猪定点屠宰厂（场）未建立缺陷产品召回制度的，由商务主管部门依照《国务院关于加强食品等产品安全监督管理的特别规定》第九条的规定处罚。

第四十条　生猪定点屠宰厂（场）有下列情形之一的，由商务主管部门责令改正，并可处1万元以上3万元以下罚款：

（一）从事肉品品质检验的人员未经考核合格的；

（二）运输肉品不符合本办法规定的。

第四十一条　生猪定点屠宰厂（场）有下列情形之一的，由商务主管部门责令改正，并可处1万元以下罚款：

（一）未按本办法要求及时报送屠宰、销售等相关信息的；

（二）所有权或经营权发生变更未及时向当地商务主管部门备案的。

第四十二条 违反本办法第三十一条规定，冒用、使用伪造、出借、转让生猪定点屠宰证书或者生猪定点屠宰标志牌的，由商务主管部门依照《条例》第二十四条的规定处罚。

冒用、使用伪造、出借、转让本办法规定的其他证、章、标志牌的，由商务主管部门责令改正，并可处1万元以上3万元以下罚款。

第四十三条 依照《条例》第三十一条规定，商务主管部门工作人员在生猪屠宰监督管理工作中滥用职权、玩忽职守、徇私舞弊、索贿受贿，构成犯罪的，依法追究刑事责任；尚不构成犯罪的，依法给予行政处分。

第八章 附 则

第四十四条 为保证边远和交通不便的农村地区生猪产品供应，确需设置小型生猪屠宰场点的，所在地省、自治区、直辖市应当依照《条例》第二条的规定，制定本行政区域的具体管理办法。

依照《条例》设置的生猪定点屠宰厂（场）能够保证供应的地区，不得设立小型生猪屠宰场点。小型生猪屠宰场点生产的生猪产品，仅限供应本地市场。

第四十五条 《条例》施行前设立的生猪定点屠宰厂（场），应当自《条例》施行之日起180日内，向设区的市级人民政府申请换发生猪定点屠宰标志牌和生猪定点屠宰证书。

生猪定点屠宰厂（场）不符合《条例》规定条件的，应当责令其限期整改；逾期仍达不到《条例》规定条件的，由设区的市级人民政府取消其生猪定点屠宰厂（场）资格。

第四十六条 本办法自 2008 年 8 月 1 日起施行。原国内贸易部发布的《生猪屠宰管理条例实施办法》、《生猪屠宰技术、肉品品质检验人员上岗培训、考核管理办法》、《生猪屠宰证、章、标志牌管理办法》同时废止。

生猪定点屠宰厂（场）病害猪无害化处理管理办法

中华人民共和国商务部、财政部令

2008年第9号

《生猪定点屠宰厂（场）病害猪无害化处理管理办法》已经2008年5月7日商务部第6次部务会议审议通过，并经财政部同意，现予公布，自2008年8月1日起施行。

中华人民共和国商务部

中华人民共和国财政部

二〇〇八年七月九日

第一章 总 则

第一条 为加强生猪定点屠宰厂（场）病害猪无害化处理监督管理，防止病害生猪产品流入市场，保证上市生猪产品质量安全，保障人民身体健康，根据《生猪屠宰管理条例》和国家有关法律、行政法规，制定本办法。

第二条 国家对生猪定点屠宰厂（场）病害生猪及生猪产品（以下简称病害猪）实行无害化处理制度，国家财政对病害猪损失和无害化处理费用予以补贴。

第三条 生猪定点屠宰厂（场）发现下列情况的，应当进行无害化处理：

（一）屠宰前确认为国家规定的病害活猪、病死或死因不明的生猪；

（二）屠宰过程中经检疫或肉品品质检验确认为不可食用的生猪产品；

（三）国家规定的其他应当进行无害化处理的生猪及生猪产品。

无害化处理的方法和要求，按照国家有关标准规定执行。

第四条 生猪定点屠宰厂（场）病害猪无害化处理的补贴对象和标准，按照财政部有关规定执行。

屠宰过程中经检疫或肉品品质检验确认为不可食用的生猪产品按 90 公斤折算一头的标准折算成相应头数，享受病害猪损失补贴和无害化处理费用补贴。

第二章 职责和要求

第五条 商务部负责全国生猪定点屠宰厂（场）病害猪无害化处理的监督管理和指导协调工作；负责全国生猪定点屠宰厂（场）病害猪无害化处理监管系统中央监管平台的建立和维护工作。

省、自治区、直辖市、计划单列市及新疆生产建设兵团（以下简称省级）商务主管部门负责监督本行政区域内市、县商务主管部门生猪定点屠宰厂（场）病害猪无害化处理监督管理和信息报送工作；建立并维护本行政区域生猪定点屠宰厂（场）病害猪无害化处理监管系统监管平台；配合地方财政管理部门落实病害猪损失补贴和无害化处理费用补贴资金。

市、县商务主管部门负责监督生猪定点屠宰厂（场）无害化处理过程，核实本行政区域内生猪定点屠宰厂（场）病害猪数量；负责本行政区域内生猪定点屠宰厂（场）病害猪无害化处理信息统计工作；负责建立本行政区域内生猪定点屠宰厂（场）病害猪无害化处理监管系统。

第六条 财政部负责全国生猪定点屠宰厂（场）病害猪无害化处理财政补贴资金的监督管理和中央财政补贴资金的预拨、审核、清算工作。

省级财政部门负责会同同级商务主管部门核定本地区生猪定点屠宰厂（场）病害猪数量及所需财政补贴资金；编制本地区生猪定点屠宰厂（场）病害猪无害化处理财政补贴资金预算，向财政部提出中央财政补贴资金的申请。

县级以上地方财政部门负责根据同级商务主管部门审核确认的生猪定点屠宰厂（场）病害猪数量，安排应负担的补贴资金，并将补贴资金直接支付给病害猪货主或生猪定点屠宰厂（场）。

第七条 生猪定点屠宰厂（场）应当按照《生猪屠宰管理条例》和本办法的要求对病害猪进行无害化处理，并如实上报相关处理情况和信息。

生猪定点屠宰厂（场）应当按照《生猪屠宰管理条例》的要求，配备相应的生猪及生猪产品无害化处理设施，并按照国家相关标准要求建立无害化处理监控和信息报送系统。

第三章 工作程序

第八条 送至生猪定点屠宰厂（场）屠宰的生猪，应当依法经动物卫生监督机构检疫合格，并附有检疫证明。

第九条 生猪在待宰期间和屠宰过程中，应当按照《动物防疫法》和《生猪屠宰管理条例》的规定实施检疫和肉品品质检验。发现符合本办法第三条规定情形的，按照本办法第十条、十一条规定的程序处理。

第十条 病害活猪、送至待宰圈后病死或死因不明的生猪进行无害化处理，应当加盖无害化处理印章，并按照以下程序进行：

（一）检疫人员或肉品品质检验人员按照《病害猪无害化处理记录表》的格式要求，填写货主名称、处理原因、处理头数、处理方式，并在记录表上签字确认。

（二）货主签字确认后，送至无害化处理车间由无害化处理人员按照规定程序进行处理。处理结束后，无害化处理人员应在记录表上签字确认。

（三）厂（场）主要负责人在记录表上签字、盖章确认。

第十一条 经检疫或肉品品质检验确认为不可食用的生猪产品进行无害化处理，应当加盖无害化处理印章，并按照以下程序进行：

（一）由检疫人员或肉品品质检验人员按照《病害猪产品无害化处理记录表》的格式要求，填写货主名称、产品（部位）名称、处理原因、处理数量、处理方式，并在记录上签字。

（二）货主签字确认后送至无害化处理车间按照规定进行处理。处理结束后，无害化处理人员应在记录表上签字确认。

（三）生猪定点屠宰厂（场）主要负责人应在记录表上签字。

第十二条　送至生猪定点屠宰厂（场）时已死的生猪进行无害化处理，应当加盖无害化处理印章，并按照以下程序进行：

（一）检疫人员或肉品品质检验人员按照《待宰前死亡生猪无害化处理记录表》的格式要求，填写货主名称、处理原因、处理数量、处理方式，并在记录上签字。

（二）货主签字确认后，送至无害化处理车间由无害化处理人员按照规定程序进行处理。处理结束后，无害化处理人员应在记录表上签字确认。

（三）生猪定点屠宰厂（场）主要负责人应在记录表上签字、盖章确认。

第十三条　已建立无害化处理监控和信息报送系统的生猪定点屠宰厂（场），进行无害化处理之前，应通知当地商务主管部门，开启监控装置和摄录系统，记录无害化处理过程，并通过系统报送相关信息。未建立无害化处理监控和信息报送系统的生猪定点屠宰厂（场），进行无害化处理之前，应通知当地市、县商务主管部门派人现场监督无害化处理过程。

第十四条　市、县商务主管部门现场监督无害化处理过程时，应当在记录表上签字确认；通过系统报送无害化处理信息和处理过程时，应按照系统要求在系统中记录监控过程，并存档备查。

第十五条　每月5日前，生猪定点屠宰厂（场）应按照《病害猪无害化处理统计月报表》的要求，填写上月病害猪无害化处理头数、病害猪产品无害化处理数量及折合头数、以及病害猪无害化处理情况，并报市、县商务主管部门。

市、县商务主管部门应于每月10日前将《病害猪无害化处理统计月报表》报省级商务主管部门并抄送同级财政部门。

省级商务主管部门每季度第一个月20日前将上季度本行政区域内无害化处理情况报商务部，同时通报同级财政部门。

第十六条　每月10日前，生猪定点屠宰厂（场）或者提供病害猪的货主应填写《病害猪损失财政补贴申领表》，由市、县商务主管部门确认后转报同级财政部门。

每月15日前，负责无害化处理的生猪定点屠宰厂（场）应填写《病害猪无害化处理费用财政补贴申领表》，由市、县商务主管部门确认后转报同级财政部门。

第十七条　市、县财政部门根据同级商务部门确认情况及时审核拨付补贴资金，同时抄送同级商务主管部门。

第四章　监督管理

第十八条　地方各级商务主管部门应对生猪定点屠宰厂（场）病害猪无害化处理过程定期进行监督检查。

地方各级财政部门应对生猪定点屠宰厂（场）病害猪无害化处理财政补贴资金使用情况定期进行监督检查。

第十九条　各级商务主管部门应建立无害化处理举报投诉制度，公布举报电话，按照《国务院关于加强食品等产品安全监督管理的特别规定》的要求受理并处理举报投诉。

第二十条　对病害猪检出率连续三个月超过0.5%或低于0.2%的地区，省级商务主管部门应当会同同级财政主管部门加强对该地区的监督检查。必要时，商务部和财政部组成联合检查组对该地区进行检查。

第二十一条　生猪定点屠宰厂（场）应指定专门的肉品品

质检验人员和无害化处理人员负责无害化处理工作，并经商务主管部门培训合格。

第二十二条　生猪定点屠宰厂（场）应当如实记录无害化处理过程的相关信息，妥善保存无害化处理记录表。记录表至少应保存五年。

第五章　罚　则

第二十三条　生猪定点屠宰厂（场）不按规定配备病害猪及生猪产品无害化处理设施的，由商务主管部门按照《生猪屠宰管理条例》的规定责令限期改正；逾期仍不改正的，报请设区的市级人民政府取消其生猪定点屠宰资格。

第二十四条　生猪定点屠宰厂（场）未按本办法规定对病害猪进行无害化处理的，由商务主管部门按照《生猪屠宰管理条例》的规定责令限期改正，处2万元以上5万元以下的罚款；逾期不改正的，责令停业整顿，对其主要负责人处5000元以上1万元以下的罚款。

第二十五条　生猪定点屠宰厂（场）或者提供病害猪的货主虚报无害化处理数量的，由地方商务主管部门依法处以3万元以下的罚款；构成犯罪的，依法追究刑事责任。

第二十六条　生猪定点屠宰厂（场）肉品品质检验人员和无害化处理人员不按照操作规程操作、不履行职责、弄虚作假的，由商务主管部门处500元以上5000元以下罚款。

第二十七条　检疫人员不遵守国家有关规定、不履行职责、弄虚作假的，由商务主管部门通报相关管理部门依法处理。

第二十八条　商务主管部门和财政主管部门的工作人员在

无害化处理监督管理工作中滥用职权、玩忽职守、徇私舞弊的，依法给予处分；构成犯罪的，依法追究刑事责任。

第六章 附 则

第二十九条 本办法由商务部、财政部负责解释。

第三十条 本办法自2008年8月1日起施行。

附：

病害猪无害化处理记录表

单位：（公章）　　　　　　　　日期：　　年　月　日

货主	处理原因	处理头数	处理方式	肉品品质检验人员或检疫人员签字	无害化处理人员签字	货主签字

填表人：　　　　　　生猪定点屠宰厂（场）负责人：
商务主管部门监督人：

备注：记录表一式三份，生猪定点屠宰厂（场）、货主、商务主管部门各留一份存档。

病害猪产品无害化处理记录表

单位：(公章)　　　　　　　　日期：　　　年　　月　　日

货主	产品(部位)名称	处理原因	处理数量(公斤)	折合头数	处理方式	肉品品质检验人员或检疫人员签字	无害化处理人员签字	货主签字

填表人：　　　　　　　　　生猪定点屠宰厂（场）负责人：

商务主管部门监督人：

　　备注：记录表一式三份，生猪定点屠宰厂（场）、货主、商务主管部门各留一份存档。

待宰前死亡生猪无害化处理记录表

单位：（公章）　　　　　　　　　　日期：　　年　　月　　日

货主	死亡原因	处理头数	处理方式	肉品品质检验人员或检疫人员签字	无害化处理人员签字	货主签字

填表人：　　　　　生猪定点屠宰厂（场）负责人：

商务主管部门监督人：

备注：记录表一式三份，生猪定点屠宰厂（场）、货主、商务主管部门各留一份存档。

病害猪无害化处理统计月报表

单位：(公章)　　　　电话：　　　　日期：　　年　　月　　日

病害猪处理头数		损失补贴头数合计	所处理生猪产品折合头数	待宰前死亡生猪处理头数	无害化处理头数合计	无害化处理人员签字	生猪定点屠宰厂（场）负责人：签字
自营	代宰						

无害化处理情况总结

备注：月报表一式三份，生猪定点屠宰厂（场）、商务主管部门、财政主管部门各留一份存档。

病害猪损失财政补贴申领表

申领人资料	姓　名	
	联系电话	
	手　机	
	户　名	
	开户行	
	帐　号	
补贴时间		年　月　日-　　年　月　日
补贴头数		
补贴标准		500元/头
补贴金额（元）		
商务主管部门审核意见		经办人： （公章） 　　　　　　　　　年　月　日
财政主管部门审核意见		经办人： （公章） 　　　　　　　　　年　月　日

备注：申请表一式三份，生猪定点屠宰厂（场）或货主、商务主管部门、财政主管部门各留一份存档。

病害猪无害化处理费用财政补贴申领表

申领人资料	姓　　名	
	联系电话	
	手　　机	
	户　　名	
	开 户 行	
	帐　　号	
补贴时间		年　月　日-　　　年　月　日
补贴头数		
补贴标准		80元/头
补贴金额（元）		
商务主管部门审核意见		经办人： （公章） 　　　　　　　年　月　日
财政主管部门审核意见		经办人： （公章） 　　　　　　　年　月　日

备注：申请表一式三份，生猪定点屠宰厂（场）或货主、商务主管部门、财政主管部门各留一份存档。

屠宰环节病害猪无害化处理财政补贴资金管理暂行办法

财政部关于印发《屠宰环节病害猪无害化处理财政补贴资金管理暂行办法》的通知

财建〔2007〕608号

各省、自治区、直辖市、计划单列市财政厅（局）：

根据《国务院关于促进生猪生产发展稳定市场供应的意见》（国发〔2007〕22号）等有关文件精神，为保障猪肉质量安全，有效保护消费者利益，国家财政决定对屠宰环节病害猪无害化处理予以补助。为加强财政补贴资金的管理，我们制定了《屠宰环节病害猪无害化处理财政补贴资金管理暂行办法》。现予印发，请遵照执行。

2007年10月26日

第一章 总则

第一条 根据《国务院关于促进生猪生产发展稳定市场供应的意见》（国发〔2007〕22号）等有关文件精神，为保障猪肉质量安全，有效保护消费者利益，国家财政对屠宰环节病害猪无害化处理予以补助。按照《中华人民共和国预算法》及其实施细则的有关规定，为加强对屠宰环节病害猪无害化处理财政补贴资金的管理,特制定本办法。

第二条 无害化处理财政补贴包括病害猪损失补贴和无害化处理费用补贴。中央财政和地方财政分别对病害猪损失及无害化处理费用给予一定比例的补贴。

第二章 补贴对象和标准

第三条 病害猪损失补贴的对象为提供病害猪的货主和自宰经营的企业,财政补贴标准为 500 元/头。无害化处理费用补贴的对象为进行无害化处理的生猪定点屠宰企业,财政补贴标准为 80 元/头。

病害猪损失补贴只对病害活猪,送至定点屠宰企业时已死的病害猪不享受损失补贴。无害化处理费用补贴包括病害活猪及病害死猪。

第四条 中央财政对东、中、西部地区实行差别补贴政策。按上述财政补贴标准,中央财政对东、中、西部地区分别补贴 40%、50%、60%,东、中、西部地方财政分别负担 60%、50%、40%。

第三章 补贴资金审核及拨付

第五条 病害猪损失和无害化处理费用所需的财政补贴资金由生猪定点屠宰企业提出申请,报同级财政部门。省级财政部门会同省级商务部门核定本地区生猪定点屠宰企业病害猪数量及所需财政补贴资金。

第六条 省级财政部门于每年 2 月底前,编制上年本地区屠宰环节病害猪无害化处理财政补贴资金预算,并填制附表,向财政部申请中央财政补助资金。

第七条 中央财政补助资金采取预拨方式下达。财政部根据各省级财政部门申请,清算上年中央财政补助资金,审核并预拨本年中央财政补助资金。

第八条 财政部将中央财政补助资金预拨至各省级财政部门,地方财政部门安排应负担的补助资金后,将补贴资金直接拨付到病害猪货主或生猪定点屠宰企业。

第四章 监督管理

第九条 地方各级财政部门应对屠宰环节病害猪无害化处理财政补贴资金使用情况定期进行监督检查,财政部将不定期抽查。

第十条 屠宰环节病害猪无害化处理财政补贴资金必须专款专用,严禁截留、挪用。对弄虚作假、截留、挪用等违反财经纪律的行为,按《财政违法行为处罚处分条例》(国务院令第427号)等有关规定进行处理,同时将已经拨付的财政补贴资金全额收回上缴中央财政。

第五章 附 则

第十一条 本办法自印发之日起施行。

商务部关于加强乡镇生猪进点屠宰管理的紧急通知

商运发〔2007〕417号

各省、自治区、直辖市、计划单列市及新疆生产建设兵团商务主管部门：

目前，全国乡镇生猪定点屠宰管理比较滞后，进点屠宰率不足75%，个别地区乡镇生猪屠宰不规范，甚至没有将乡镇生猪屠宰纳入管理范畴。为贯彻落实《商务部、公安部、农业部、卫生部、国家工商总局、国家质检总局关于印发〈全国猪肉质量安全专项整治行动实施方案〉的通知》（商运发〔2007〕357号）精神，促进各地区乡镇生猪定点屠宰管理工作，保障广大农村居民食肉安全，确保到今年12月底，完成全国乡镇进点屠宰率达到95%的专项整治目标。现将有关事项通知如下：

一、提高认识，切实加强乡镇生猪屠宰管理

"乡镇生猪进点屠宰率达到95%"的整治目标是指乡镇政府所在地辖域内销售的猪肉95%来自定点屠宰厂（场）和集中屠宰点。乡镇生猪屠宰管理工作关系到城乡居民食肉安全和身体健康，对促进畜牧、屠宰业持续健康发展、构建社会主义新农村建设具有重要意义。各级商务主管部门，要从讲政治、讲大局的高度出发，进一步提高对加强乡镇生猪屠宰管理重要意义的认识，增强责任意识，加强组织领导，完善工作机制，切实做好乡镇生猪屠宰管理工作。

二、结合实际，采取多种乡镇进点屠宰模式

我国地域广阔，人口分布差异较大，为保障乡镇地区的猪肉质量安全，一些地区积极探索符合当地乡镇实际情况的生猪屠宰管理模式，效果较好。请各省、自治区、直辖市人民政府在专项整治过程中，结合实际情况，进一步推进乡镇生猪屠宰管理工作。

（一）实行统一配送

对于交通便利的乡镇，鼓励并提倡周边生猪定点屠宰厂以及大型流通企业利用现代流通网络，提高肉品配送能力，设置定点屠宰场肉品销售专柜，扩大乡镇配送服务半径，保障乡镇地区的猪肉质量安全。

（二）设立乡镇生猪定点屠宰场

倡导各省、自治区、直辖市人民政府结合实际情况，鼓励对距离城区较远但交通比较方便的乡镇设立乡镇定点屠宰场。乡镇定点屠宰场规划选址应符合地方生猪定点屠宰和设置规划要求，具备与其屠宰规模相适应的基础设施和设备，并有相应的屠宰技术人员和检疫检验人员。

（三）设立乡镇生猪集中屠宰点

提倡在远离城区、交通不便、设立生猪定点屠宰场困难但村落分布比较集中的乡镇设立乡镇生猪集中屠宰点，但对屠宰工人要进行培训，使其具备自宰自检能力。

（四）建立屠工制

对于少数人口分散、居住偏远、设立生猪集中屠宰点困难且交通极不便利的乡镇，可借鉴福建经验，试行屠工制度。经过培训、具备检验能力的屠工到生猪饲养户家中屠宰。

三、完善制度，建立长效监管机制

（一）严格设立和退出制度

各省、自治区、直辖市人民政府根据乡镇实际需要，提出乡镇定点屠宰场设置计划，并按照《生猪屠宰管理条例》和相关法规、标准进行设置和管理，颁发定点屠宰标志牌。各地商务主管部门可根据实际情况，对不适合当地发展需要的集中屠宰点和屠工，要及时依法清理退出。

（二）严格运销管理制度

乡镇定点屠宰场、集中屠宰点和屠工屠宰的生猪，以所在地乡镇居民消费为主。同时，应建立肉品销售台账，记录肉品流向。肉品运输和销售过程中应采取符合卫生条件的遮盖等方式，保证肉品的质量安全，避免再次污染。

（三）严格检验制度

乡镇定点屠宰场应建立检验制度，并由商务等有关部门按照有关法律、法规进行监督。集中屠宰点和屠工屠宰和销售的生猪应具有农业部门检疫合格证。经检疫检验不合格的生猪和生猪产品，应当按照国家有关规定进行焚烧、深埋或者高温等无害化处理。

（四）严格执法检查制度

商务部门要和其他有关部门互相配合，加强协调，按照各自职责加强对乡镇定点屠宰的执法检查。严格按照国务院《生猪屠宰管理条例》和《动物防疫法》等法律法规，加强对私屠滥宰，逃避检疫检验、出售病害肉、注水肉、劣质肉等不法行为的查处，依法严厉打击。

四、明确责任，强化部门配合

各地商务主管部门要按照省、自治区、直辖市人民政府的统一部署，重点抓好生猪屠宰的场点设置规划，搞好生猪屠宰的现场监管，指导定点屠宰场按照标准和规范进行生产。同时，要加大对私屠滥宰窝点的查处力度，做好本行政区域内生猪屠宰活动的监督管理。特别是县（市）商务主管部门，要切实做好乡镇生猪屠宰管理工作，要制定工作方案，层层落实，并责任到人。

中华人民共和国商务部
二〇〇七年十月二十四日

湖北省生猪屠宰管理办法

湖北省人民政府令

第352号

《湖北省生猪屠宰管理办法》已经2012年6月6日省人民政府常务会议审议通过，现予公布，自2012年8月1日起施行。

湖北省人民政府
2012年6月6日

第一章 总 则

第一条 为了加强生猪屠宰管理，保证生猪产品质量，保障公众身体健康，根据《生猪屠宰管理条例》和有关法律、法规，结合本省实际，制定本办法。

第二条 本办法适用于本省行政区域内的生猪屠宰及经营管理活动。

第三条 生猪屠宰实行定点屠宰、集中检疫制度。

未经定点，任何单位和个人不得从事生猪屠宰活动。但是，农村地区个人自宰自食且屠宰前依法向动物卫生监督机构申报检疫的除外。

第四条 县级以上人民政府应当加强对生猪屠宰监督管理工作的领导，及时协调、解决生猪屠宰监督管理工作中的重大问题。

第五条 县级以上人民政府商务主管部门负责本行政区域内生猪屠宰活动的监督管理。

县级以上人民政府工商、畜牧兽医、环境保护、卫生、规划、公安等有关部门,在各自职责范围内负责生猪屠宰活动的相关管理工作。

第六条 鼓励和扶持生猪定点屠宰厂(场)开展自主品牌经营、技术创新、新产品研发,实现机械化、规模化、标准化屠宰,实行生猪肉品质量安全追溯管理制度和定点屠宰分级管理制度。

第七条 对在生猪屠宰管理和屠宰技术研究、推广方面做出突出贡献的单位和个人,县级以上人民政府及商务主管部门应当给予表彰和奖励。

第二章 定点屠宰厂(场、点)的设立

第八条 生猪定点屠宰厂(场、点)的设置规划(以下简称设置规划),由省人民政府商务主管部门会同畜牧兽医、环境保护等有关部门,按照合理布局、适度集中、有利流通、方便群众的原则,结合本省实际制订,报省人民政府批准后实施。

第九条 生猪定点屠宰厂(场)的设立,应当具备下列条件:(一)有与屠宰规模相适应、水质符合国家规定标准的水源条件;(二)有符合国家规定要求的待宰间、屠宰间、急宰间以及屠宰设备和运载工具,建筑和布局符合国家有关设计规范的规定;(三)有依法取得食品从业人员健康证明的屠宰技术人员和经考核合格的肉品品质检验人员;(四)有符合国家规定要求的检验设备、消毒设施以及符合环境保护要求的污染

防治设施；（五）有病害生猪及生猪产品无害化处理设施；（六）依法取得动物防疫条件合格证；（七）符合国家法律、行政法规和国家标准规定的其他条件。

第十条 在边远和交通不便的农村地区，设立仅限于向本地市场供应生猪产品的小型屠宰点，应当具备以下条件：（一）有待宰间、屠宰间和必要的手工屠宰工具；（二）有依法取得食品从业人员健康证明的屠宰技术人员；（三）有经考核合格的肉品品质检验人员；（四）具备无害化处理能力和污水污物处理的基本设施；（五）依法取得动物防疫条件合格证。

第十一条 申请设立生猪定点屠宰厂（场、点），应当向所在地设区的市级人民政府商务主管部门提出书面申请，并提交符合本办法第九条、第十条规定的有关材料。

第十二条 商务主管部门应当自收到申请之日起20日内，根据设置规划，会同畜牧兽医、环境保护等有关部门依法进行审查，经书面征求省人民政府商务主管部门的意见后，提出审查意见报设区的市级人民政府决定。

设区的市级人民政府应当自收到审查意见之日起20日内作出批准或者不予批准的决定。

第十三条 申请人获得设区的市级人民政府作出的批准设立生猪定点屠宰厂（场、点）的决定后，方可开工建设。

第十四条 生猪定点屠宰厂（场、点）建成竣工后，应当向设区的市级人民政府商务主管部门申请验收。商务主管部门应当自收到验收书面申请之日起20日内，会同畜牧兽医、环境保护以及其他有关部门进行验收。验收合格的，由设区的市级人民政府颁发生猪定点屠宰证书和生猪定点屠宰标志牌。

申请人持生猪定点屠宰证书向工商行政管理部门办理登记手续。

第十五条 设区的市级人民政府应当将其确定的生猪定点屠宰厂（场、点）名单及时向社会公布，并报省人民政府商务主管部门备案。

省人民政府商务主管部门应当定期公布本省行政区域内生猪定点屠宰厂（场、点）名单。

第三章 屠宰与检疫检验

第十六条 生猪屠宰的检疫及其监督，依照动物防疫法和国务院的有关规定执行。生猪屠宰的卫生检验及其监督，依照食品安全法的规定执行。

第十七条 生猪定点屠宰厂（场、点）应当建立生猪进厂（场、点）检查登记制度。屠宰进厂（场、点）的生猪，应当经动物卫生监督机构检疫合格并附有检疫证明。

第十八条 除农村地区个人自宰自食的生猪应当依法实施申报检疫外，动物卫生监督机构应当在生猪定点屠宰厂（场、点）进行屠宰检疫。动物卫生监督机构在市场上发现非生猪定点屠宰厂（场、点）的生猪产品时，应当及时通知商务主管部门和工商行政管理部门予以查处。

第十九条 生猪定点屠宰厂（场、点）应当按照国家规定的操作规程和技术要求屠宰生猪。

第二十条 生猪定点屠宰厂（场、点）应当建立肉品品质检验制度，按照国家规定的肉品品质检验规程进行检验。肉品品质检验包括宰前检验和宰后检验，检验内容包括：

（一）生猪的健康状况；

（二）有无传染性疾病和寄生虫病以外的疾病；（三）有无有害腺体；（四）有无有害物质；（五）是否注水或者注入其他物质；（六）国家规定的其他检验项目。

第二十一条 肉品品质检验应当如实记录检验结果，检验结果记录保存期限不得少于2年。

第二十二条 经肉品品质检验合格的生猪产品，生猪定点屠宰厂（场、点）应当加盖肉品品质检验合格验讫印章，并附具肉品品质检验合格证。屠宰的种猪和晚阉猪，需在肉品品质检验合格证中注明，并在猪胴体加盖专用检验标志，销售时应当明示消费者。

检验合格的分割产品、副产品应当包装，并附具肉品品质检验合格证。

经肉品品质检验不合格的生猪产品，应当在肉品品质检验人员的监督下，按照国家有关规定处理。

生猪产品未经肉品品质检验或者经肉品品质检验不合格的，不得出厂（场、点）。

第二十三条 生猪定点屠宰厂（场、点）应当按照国家有关规定，对下列生猪以及生猪产品进行无害化处理：（一）屠宰前确认为国家规定进行无害化处理的病害生猪、病死或者死因不明的生猪；（二）屠宰过程中经检疫或者肉品品质检验确认为不合格的生猪或者生猪产品；（三）国家规定的其他应当进行无害化处理的生猪以及生猪产品。

生猪定点屠宰厂（场、点）在对生猪以及生猪产品进行无害化处理前，应当通知所在地市、县人民政府商务主管部门。

商务主管部门应当对无害化处理的过程进行现场监督。

生猪定点屠宰厂（场、点）应当如实记录处理情况，并对处理结果负责，处理情况记录保存期限不得少于2年。

生猪定点屠宰厂（场、点）对病害生猪以及生猪产品进行无害化处理的费用和损失，由县级以上人民政府财政部门按照国家有关规定予以适当补贴。

第二十四条　生猪定点屠宰厂（场、点）和从事生猪产品加工、销售的单位和个人，对未能及时出厂（场、点）或者未能及时销售的生猪产品，应当采取冷冻、冷藏或者其他保证质量的措施予以储存。

第四章　经营管理

第二十五条　生猪定点屠宰厂（场、点）应当建立生猪肉品质量安全追溯管理制度，如实记录屠宰的生猪产地、进厂（场、点）时间、数量、供货者、屠宰和检验信息以及生猪产品出厂（场、点）时间、品种、数量、流向等信息，记录保存期限不得少于2年。

第二十六条　生猪定点屠宰厂（场、点）应当建立缺陷产品召回制度。发现其屠宰的生猪存在质量安全隐患、可能对公众健康和生命安全造成损害的，应当向社会公布有关信息，通知销售者停止销售，告知消费者停止使用，召回已经上市销售的产品，并向所在地商务主管部门报告。

生猪定点屠宰厂（场、点）对召回的生猪产品应当进行无害化处理。

第二十七条　生猪和生猪产品应当使用不同的运载工具运

输。运输生猪产品应当使用符合国家卫生标准的专用运载工具,并符合保证产品运输需要的温度等特殊要求。生鲜片肉应当密闭、吊挂运输。其他生猪产品应当密闭运输,并使用专用容器盛装。

运载工具在装载前和卸载后应当进行清洗消毒。

第二十八条 从事生猪产品销售、加工的单位和个人,以及农贸市场、超市、餐饮服务经营者和集体伙食单位,应当销售或者使用生猪定点屠宰厂(场、点)经检疫和肉品品质检验合格的生猪产品。

进入市场、超市销售的冷鲜生猪分割肉品,经营过程不得脱离冷链环境。

第二十九条 偏远地区小型屠宰点的生猪产品只能供应本乡镇。

第三十条 省外生猪定点屠宰厂生产的生猪肉品进入省内市场销售,应当到设区的市级人民政府商务主管部门登记备案,并提供以下证明:(一)生猪定点屠宰证书;(二)工商营业执照;(三)原始有效的动物检疫合格证明;(四)产品标识、品牌商标和运输车辆资料;(五)法定检测机构出具的批次肉品违禁物检验报告。

备案销售的肉品纳入肉品质量安全追溯管理系统。

第三十一条 生猪定点屠宰厂(场、点)所有权或者经营权发生变更的,应当及时向所在地设区的市级人民政府商务主管部门备案,并办理变更事项。

生猪定点屠宰厂(场、点)歇业、停业,应当于歇业、停业前10天向所在地设区的市级人民政府商务主管部门备案;

歇业、停业超过180天重新开业的，所在地设区的市级人民政府商务主管部门应当报请设区的市级人民政府对其是否符合规定条件进行审查。符合规定条件的，准予重新开业；不符合规定条件的，取消其生猪定点屠宰厂（场、点）资格。

生猪定点屠宰厂（场、点）歇业和停业5天以上的，县级以上人民政府商务主管部门应当启动本行政区域内肉品市场供应应急预案，确保市场供应。

第三十二条 生猪定点屠宰厂（场、点）不得出租、出借或者以其他形式转让生猪定点屠宰证、章、牌。

第三十三条 县级以上人民政府商务主管部门应当建立生猪定点屠宰厂（场、点）生猪产品质量安全信用档案，记录日常监督检查、违法行为查处、肉品销售登记备案等情况，并根据生猪产品质量安全信用档案的记录，对有不良信用记录的生猪定点屠宰厂（场、点）加强监督检查和信息公告。

第五章 法律责任

第三十四条 违反本办法规定，《生猪屠宰管理条例》有处罚规定的，从其规定。

第三十五条 冒用、伪造、出借、转让肉品品质检验印章、肉品品质检验合格证等证章标志的，由县级以上人民政府商务主管部门责令改正，并处1万元以上3万元以下罚款。

第三十六条 违反本办法第二十七条规定的，由县级以上人民政府商务主管部门责令改正，并处1万元以上3万元以下罚款。

违反本办法第二十八条第二款规定的，由县级以上人民政府商务主管部门责令改正，并处1万元以上3万元以下罚款。

第三十七条 违反本办法第二十九条规定，小型生猪屠宰点超出限定区域销售生猪产品的，由县级以上人民政府商务主管部门责令改正，并可处3000元以上1万元以下罚款；情节严重的，处1万元以上3万元以下罚款。

第三十八条 县级以上人民政府商务主管部门在监督检查中发现生猪定点屠宰厂（场、点）不再具备规定条件的，应当责令限期整改；逾期仍达不到规定条件的，由设区的市级人民政府依法取消其生猪定点屠宰资格。

第三十九条 商务主管部门和其他有关部门的工作人员在生猪屠宰监督管理工作中滥用职权、玩忽职守、徇私舞弊，尚不构成犯罪的，依法给予行政处分；构成犯罪的，依法追究刑事责任。

第六章 附 则

第四十条 本办法所称"生猪产品"，是指生猪屠宰后未经加工的胴体、肉、脂、脏器、血液、骨、头、蹄、皮。

所称"注水或者注入其他物质"是指以额外增加生猪或者生猪产品的重量及改善其外观为目的，强迫生猪非自然、非自主地饮水取食；或者采用外力的方式，向生猪或者生猪产品填塞、灌注、注射水分或者其他物质；或者在生猪产品冷冻时掺水或者掺入其他物质一起冻结。

第四十一条 设区的市级人民政府确定牛、羊等其他动物实行定点屠宰的，参照本办法执行。

第四十二条 本办法自2012年8月1日起施行。

湖南省生猪屠宰管理条例

湖南省第十一届人民代表大会常务委员会公告
第60号

《湖南省生猪屠宰管理条例》于2011年7月29日经湖南省第十一届人民代表大会常务委员会第二十三次会议通过，现予公布，自2011年9月1日起施行。

湖南省人民代表大会常务委员会
2011年7月29日

第一条 为了加强生猪屠宰管理，保证生猪产品质量安全，保障人民身体健康，根据国务院《生猪屠宰管理条例》以及其他有关法律、行政法规的规定，结合本省实际，制定本条例。

第二条 在本省行政区域内从事生猪屠宰及其监督管理活动，均须遵守本条例。

第三条 实行生猪定点屠宰、集中检疫制度。

未经定点，任何单位和个人不得从事生猪屠宰活动。但农村地区个人自宰自食的除外。

第四条 县级以上人民政府应当加强对生猪屠宰工作的领导，加强生猪定点屠宰监督管理队伍建设，协调解决生猪定点屠宰管理工作中的重大问题。

第五条 县级以上人民政府商务主管部门负责本行政区域内生猪屠宰活动的监督管理工作。

县级以上人民政府工商行政管理、畜牧兽医、卫生、食品药品监督、质量技术监督、环境保护等部门应当按照各自职责，做好生猪屠宰的相关管理工作。

乡镇人民政府负责做好生猪屠宰管理的相关工作。

第六条 省人民政府商务主管部门会同畜牧兽医、环境保护以及其他有关部门，按照合理布局、适当集中、有利流通、方便群众的原则，制订生猪定点屠宰厂（场）设置规划，报省人民政府批准后实施。

第七条 生猪定点屠宰厂（场）应当具备国务院《生猪屠宰管理条例》规定的条件。

设立生猪定点屠宰厂（场），应当向设区的市、自治州人民政府提出申请。设区的市、自治州人民政府收到申请后，应当组织商务、畜牧兽医、环境保护以及其他有关部门，根据本条例的规定进行审查，并征求省人民政府商务主管部门的意见后确定。未经批准，不得开工建设。

生猪定点屠宰厂（场）建设竣工后，由设区的市、自治州人民政府组织商务、畜牧兽医、环境保护以及其他有关部门按照本条例以及有关法律法规的规定验收。验收合格的，颁发生猪定点屠宰证书和生猪定点屠宰标志牌。

设区的市、自治州人民政府应当将其确定的生猪定点屠宰厂（场）名单及时向社会公布，并报省人民政府备案。

第八条 在边远和交通不便的农村地区，可以设置小型生猪屠宰点。其设置方案由乡镇人民政府提出，县级人民政府商务主管部门会同畜牧兽医、环境保护以及其他有关部门对设置方案审核后，编制本地区小型生猪屠宰点设置规划，报同级人民政府批准后实施，并报上一级人民政府备案。

第九条　新建生猪定点屠宰厂（场）和小型生猪屠宰点的选址，应当距离生活饮用水水源保护区和医院、学校等公共场所以及居民住宅区五百米以外，并不得妨碍或者影响所在地居民生活和公共场所的活动。

已建成的生猪定点屠宰厂（场）和小型生猪屠宰点不符合前款规定要求的，应当搬迁或者改造。

第十条　小型生猪屠宰点应当具备下列条件：

（一）有与屠宰规模相适应的充足水源，水质符合国家规定的生活饮用水卫生标准；

（二）有与屠宰规模相适应的屠宰设备；

（三）有依法取得健康证明的屠宰技术人员；

（四）有经考核合格的肉品品质检验人员；

（五）有相应的检验设备、消毒设施以及符合环境保护要求的污染防治设施；

（六）有相应的病害生猪以及生猪产品无害化处理设施；

（七）依法取得动物防疫条件合格证。

第十一条　设立小型生猪屠宰点，应当向县级人民政府提出申请，由县级人民政府组织商务、畜牧兽医、环境保护以及其他有关部门，根据本条例的规定进行审查。符合本条例规定条件的，县级人民政府予以批准。未经批准，不得开工建设。

小型生猪屠宰点建设竣工后，由县级人民政府组织商务、畜牧兽医、环境保护以及其他有关部门验收。验收合格的，颁发生猪定点屠宰证书和生猪定点屠宰标志牌。

县级人民政府应当将其确定的小型生猪屠宰点名单及时向社会公布，并报上一级人民政府备案。

第十二条 生猪定点屠宰实行一点一证一牌制度。

生猪定点屠宰厂（场）未经批准不得擅自在异地设立分厂（场）；确需设立的，应当按照本条例的规定，取得生猪定点屠宰资格。

生猪定点屠宰厂（场）和小型生猪屠宰点应当将生猪定点屠宰标志牌悬挂于厂（场）、点的显著位置。

生猪定点屠宰证书和生猪定点屠宰标志牌不得出借、转让。任何单位和个人不得冒用或者使用伪造的生猪定点屠宰证书和生猪定点屠宰标志牌。

第十三条 肉类加工企业从事生猪屠宰活动的，应当取得生猪定点屠宰资格；未取得生猪定点屠宰资格的，不得从事生猪屠宰活动。

第十四条 生猪定点屠宰厂（场）和小型生猪屠宰点，应当持生猪定点屠宰证书向工商行政管理部门办理登记手续。

第十五条 生猪定点屠宰厂（场）和小型生猪屠宰点屠宰生猪，应当符合国家规定的操作规程和技术要求。

生猪定点屠宰厂（场）和小型生猪屠宰点屠宰的生猪，应当有产地动物检疫合格证明和免疫标识。

第十六条 动物卫生监督机构必须在生猪定点屠宰现场对屠宰的生猪进行集中同步检疫。检疫合格的，应当出具检疫合格证明，并加盖验讫印章；未经检疫或者经检疫不合格的生猪产品，不得出厂（场）、点，并按有关规定进行处理。

动物卫生监督机构除按前款规定进行检疫外，还应当按照国家规定加强对瘦肉精的监管工作，对定点屠宰的生猪进行瘦肉精等禁用药物检验。

第十七条　生猪定点屠宰厂（场）和小型生猪屠宰点应当建立严格的肉品品质检验管理制度，对屠宰的生猪产品进行同步检验。检验合格的，加盖检验合格验讫印章或者附具检验合格标志；检验不合格的，应当按照国家有关规定进行处理。检验结果和处理情况记录保存期限不得少于二年。

肉品品质检验内容，包括传染性疾病和寄生虫病以外的疾病、注水或者注入其他物质、有害物质、有害腺体、白肌肉或者黑干肉、种猪及晚阉猪以及国家规定的其他检验项目。

生猪定点屠宰厂（场）应当加强对定点屠宰的生猪进行瘦肉精等禁用药物的自检。

生猪定点屠宰厂（场）和小型生猪屠宰点的生猪产品，未经肉品品质检验或者经肉品品质检验不合格的，不得出厂（场）、点。

第十八条　生猪定点屠宰厂（场）和小型生猪屠宰点发现有下列情况的，应当在当地动物卫生监督机构和商务主管部门监督下，按照国家有关规定进行无害化处理。无害化处理记录保存期限不得少于二年。

（一）屠宰前确认为国家规定的病害活猪、病死或者死因不明的生猪；

（二）屠宰过程中经检疫或者肉品品质检验确认为不可食用的生猪产品；

（三）国家规定的其他应当进行无害化处理的生猪以及生猪产品。

无害化处理的费用和损失，除中央财政补助外，县级以上人民政府应当按照国家的规定安排补助资金。补助费用分摊办法，由省财政部门会同省商务部门确定。

第十九条 任何单位和个人不得对生猪或者生猪产品注水或者注入其他物质。

生猪定点屠宰厂（场）和小型生猪屠宰点不得有下列行为：

（一）屠宰未经检疫或者经检疫不合格的生猪；

（二）屠宰经瘦肉精等禁用药物检验不合格的生猪；

（三）屠宰注水或者注入其他物质的生猪。

第二十条 生猪定点屠宰厂（场）和小型生猪屠宰点屠宰的生猪胴体应当悬挂于通风、阴凉、清洁的场所，不得靠墙、着地或者接触有毒、有害、有异味的物品。内脏以及加工后的肉品应当存放在符合食品安全要求的设施中。对未能及时销售或者出厂（场）、点的生猪产品，应当采取冷冻或者冷藏等措施予以储存。

运载生猪产品，应当使用冷藏车或者防尘和设有吊挂设施的专用车辆，不得敞运。运载工具使用前应当清洗、消毒。

第二十一条 从事生猪产品加工、销售的单位和个人以及餐饮服务经营者、集体伙食单位，应当采购、销售或者使用生猪定点屠宰厂（场）、小型生猪屠宰点屠宰的经检疫、检验合格的生猪产品，并建立生猪产品进货台账。

第二十二条 生猪定点屠宰厂（场）和小型生猪屠宰点应

当建立生猪产品质量追溯制度，如实记录活猪进厂（场）、点的时间、数量、产地、供货者以及生猪产品出厂的时间、品种、数量和流向。记录保存期限不得少于二年。

生猪定点屠宰厂（场）应当逐步采用现代信息技术，建立生猪产品质量追溯系统。

第二十三条 生猪定点屠宰厂（场）和小型生猪屠宰点发现其生产的产品不安全时，应当立即停止生产，及时向社会公布有关信息，通知销售者停止销售，告知消费者停止使用。已经上市销售的产品应当及时召回，并向当地商务主管部门报告。

生猪定点屠宰厂（场）和小型生猪屠宰点应当按照本条例第十八条的规定对召回的产品进行无害化处理。

第二十四条 生猪定点屠宰厂（场）和小型生猪屠宰点不得拒绝代宰经检疫合格的生猪。代宰服务费应当按照价格主管部门核定的标准收取。收费标准应当张贴明示。

第二十五条 生猪定点屠宰厂（场）和小型生猪屠宰点应当建立信息报送制度，按照国家有关生猪屠宰统计报表制度的要求，及时报送屠宰、销售、无害化处理等相关信息。

第二十六条 各级人民政府及县级以上人民政府有关部门不得限制外地生猪定点屠宰厂（场）经检疫、检验合格的生猪产品进入本地市场。

第二十七条 县级以上人民政府商务主管部门应当严格履行职责，加强对生猪屠宰活动的日常监督检查，依法查处违法行为。对受理的举报和投诉案件，应当及时依法处理。

商务主管部门进行监督检查时，可以采取下列措施：

（一）进入生猪屠宰等有关场所实施现场检查；

（二）向有关单位或者个人了解情况；

（三）查阅、复制有关记录、票据以及其他资料；

（四）查封与违法生猪屠宰活动有关的场所、设施，扣押与违法生猪屠宰活动有关的生猪、生猪产品以及屠宰工具和设备。

商务主管部门进行监督检查时，监督检查人员不得少于二人，并出示执法证件。被检查单位或者个人应当予以配合，不得拒绝、阻挠。

第二十八条 县级以上人民政府商务、工商行政管理部门和动物卫生监督机构在依法监督检查时，发现未经定点屠宰、集中检疫或者检验的生猪产品，应当先行制止，相互通报，并按照各自职责进行处理。

第二十九条 县级以上人民政府商务主管部门在监督检查中发现生猪定点屠宰厂（场）和小型生猪屠宰点不再具备国务院《生猪屠宰管理条例》和本条例规定条件的，应当责令其限期整改；逾期仍达不到规定条件的，由批准设立的人民政府取消其生猪定点屠宰资格。

第三十条 对举报生猪定点屠宰违法行为有功的人员，由县级以上人民政府或者其商务主管部门给予表彰、奖励。

第三十一条 生猪定点屠宰厂（场）违反生猪定点屠宰规定的，按照国务院《生猪屠宰管理条例》的规定处罚。

第三十二条 小型生猪屠宰点出借、转让生猪定点屠宰证书或者生猪定点屠宰标志牌的，由县级人民政府取消其小型生猪屠宰点资格；有违法所得的，由县级人民政府商务主管部门没收违法所得。

第三十三条 小型生猪屠宰点有下列情形之一的，由商务主管部门责令限期改正，处五千元以上三万元以下的罚款；逾期不改正的，责令停业整顿：

（一）屠宰生猪不符合国家规定的操作规程或者技术要求的；

（二）未如实记录其屠宰的生猪来源或者生猪产品流向的；

（三）未建立或者实施肉品品质检验制度的；

（四）对经肉品品质检验不合格的生猪产品未按照国家有关规定处理并如实记录处理情况的。

第三十四条 小型生猪屠宰点出厂未经肉品品质检验或者经肉品品质检验不合格的生猪产品的，由商务主管部门责令停业整顿，没收生猪产品和违法所得，并处货值金额一倍以上三倍以下的罚款；货值金额难以确定的，并处一万元以上二万元以下的罚款；造成严重后果的，由县级人民政府取消其小型生猪屠宰点资格；构成犯罪的，依法追究刑事责任。

第三十五条 小型生猪屠宰点对生猪、生猪产品注水或者注入其他物质的，由商务主管部门没收注水或者注入其他物质的生猪、生猪产品、注水工具和设备以及违法所得，并处货值金额三倍以上五倍以下的罚款；造成严重后果的，由县级人民政府取消其小型生猪屠宰点资格。

第三十六条 小型生猪屠宰点屠宰注水或者注入其他物质的生猪的，由商务主管部门责令改正，没收注水或者注入其他物质的生猪、生猪产品以及违法所得，并处货值金额一倍以上三倍以下的罚款，货值金额难以确定的，并处五千元以上二万元以下的罚款；拒不改正的，责令停业整顿；造成严重后果的，由县级人民政府取消其小型生猪屠宰点资格。

第三十七条 屠宰未经检疫或者经检疫不合格的生猪的，由动物卫生监督机构依法处理。

第三十八条 生猪定点屠宰厂（场）和小型生猪屠宰点拒绝代宰经检疫合格的生猪的，由商务主管部门责令改正；拒不改正的，处五百元以上三千元以下的罚款。

第三十九条 县级以上人民政府商务主管部门和其他有关部门的工作人员在生猪屠宰监督管理工作中滥用职权、玩忽职守、徇私舞弊的，依法给予行政处分；构成犯罪的，依法追究刑事责任。

第四十条 本条例所称的小型生猪屠宰点，是指仅限于向本地市场供应生猪产品、设计日屠宰量小于五十头生猪、设施设备未达到国家《生猪屠宰企业资质等级要求》规定的最低等级资质条件的生猪屠宰点。

第四十一条 本省行政区域内牛、羊定点屠宰及其监督管理工作，参照本条例有关规定执行。

第四十二条 本条例自2011年9月1日起施行。2003年9月28日湖南省第十届人民代表大会常务委员会第五次会议通过的《湖南省生猪屠宰管理条例》同时废止。

广东省生猪屠宰管理规定

广东省人民政府令

第 162 号

《广东省生猪屠宰管理规定》已经 2011 年 5 月 5 日广东省人民政府第十一届 72 次常务会议通过，现予发布，自 2011 年 10 月 1 日起施行。

省长 黄华华

二〇一一年八月二十三日

第一条 为了加强生猪屠宰监督管理，规范生猪屠宰行为，保证生猪产品质量安全，保障消费者合法权益，根据《生猪屠宰管理条例》等有关法律法规，结合本省实际，制定本规定。

第二条 本规定适用于本省行政区域内从事生猪屠宰及生猪产品加工、销售、使用活动。

第三条 本省实行生猪定点屠宰、集中检疫制度。

未经定点，任何单位和个人不得从事生猪屠宰活动。但农村地区个人自宰自食的除外。

第四条 县级以上人民政府生猪屠宰主管部门负责本行政区域内生猪屠宰行业的管理，依法对生猪屠宰活动进行监督管理，并负责本规定的实施。

县级以上人民政府农业主管部门负责生猪及生猪产品的检疫。

卫生、工商、公安、物价、税务、环境保护、规划、质量技术监督等部门，按照各自职责做好生猪屠宰管理工作。

第五条 县级以上人民政府及有关部门应当支持生猪定点屠宰厂（场）与信誉好的生猪养殖企业、养殖大户建立稳定供应关系，从源头上保证生猪产品质量安全。

政府应当鼓励和支持生猪定点屠宰厂（场）实现机械化、标准化和规模化屠宰，实行品牌经营和生猪产品配送制。

第六条 生猪定点屠宰厂（场）的设立，应当符合设置规划和设置方案，依法办理定点屠宰许可、动物防疫许可和工商登记等手续。

生猪屠宰厂（场）不得出租、出借或者以其他形式转让相关许可证。

第七条 生猪定点屠宰厂（场）应当建立生猪进厂（场）检查登记制度、生猪产品出厂（场）登记制度和生猪产品召回制度，并报县级以上人民政府生猪屠宰主管部门备案。

第八条 生猪定点屠宰厂（场）应当对其屠宰的生猪产品的质量安全负责。

第九条 生猪养殖场（户）应当建立生猪出栏无违禁药物承诺制度，在生猪出栏时出具生猪无违禁药物承诺书。

第十条 生猪定点屠宰厂（场）屠宰生猪前，应当查验生猪产地检疫证明、畜禽标识、生猪无违禁药物承诺书和运载工具消毒证明。查验应当做好记录，记录保存期限不得少于两年。

第十一条 生猪定点屠宰厂（场）屠宰生猪前，应当按照国家和省有关规定对生猪违禁药物进行自检，并做好检验记录。记录保存期限不得少于两年。

第十二条 农业主管部门应当对进厂（场）屠宰的生猪，按照国家和省有关规定对违禁药物进行监督检查。监督检查所需经费纳入本级财政预算。

第十三条 禁止生猪定点屠宰厂（场）从事下列活动：

（一）对生猪或者生猪产品注水或者注入其他物质；

（二）屠宰未经检疫或者检疫不合格的生猪；

（三）屠宰病害、死猪；

（四）屠宰注水或者注入其他物质的生猪；

（五）出厂（场）未经肉品品质检验或者经肉品品质检验不合格的生猪产品。

第十四条 定点屠宰加工服务收费标准，由各地级以上市人民政府价格主管部门根据本地实际情况合理制定。

第十五条 生猪定点屠宰厂（场）可以接受客户委托屠宰生猪，有关收费标准按照各地级以上市人民政府价格主管部门的规定执行。

第十六条 县级以上人民政府应当加强对生猪屠宰监督管理工作的领导，及时协调、解决大规模私宰、注水、暴力抗法等重大问题。

第十七条 县级以上人民政府生猪屠宰主管部门应当加强对生猪屠宰活动的日常监督检查，指导和监督生猪定点屠宰厂（场）建立健全各项管理制度。

第十八条 县级以上人民政府生猪屠宰主管部门应当建立生猪和生猪产品质量安全信息网络溯源体系,提高生猪产品安全监管水平。

县级以上人民政府生猪屠宰主管部门应当建立举报制度,公布举报电话、通信地址和电子信箱,接受有关生猪产品质量安全问题的举报,并及时予以处理。

第十九条 生猪定点屠宰厂(场)屠宰未按照规定进行违禁药物检验或者检验不合格的生猪的,由县级以上人民政府农业主管部门处以1万元以上3万元以下的罚款,并及时告知同级生猪屠宰主管部门,由生猪屠宰主管部门责令生猪定点屠宰厂(场)改正;造成严重后果的,由地级以上市人民政府依法取消其生猪屠宰厂(场)资格。

第二十条 生猪定点屠宰厂(场)屠宰未经检疫或者检疫不合格的生猪或者屠宰病害、死猪的,由动物卫生监督机构依照《中华人民共和国动物防疫法》相关规定进行处罚;造成严重后果的,由地级以上市人民政府依法取消其生猪定点屠宰厂(场)资格。

第二十一条 生猪定点屠宰厂(场)接受客户委托屠宰生猪时擅自增加其他收费项目或者提高收费标准的,由价格主管部门依照《中华人民共和国价格法》、《价格违法行为行政处罚规定》相关规定进行查处。

第二十二条 生猪屠宰主管部门、农业主管部门以及其他相关行政管理部门的工作人员,在生猪屠宰监督管理活动中滥用职权、玩忽职守、徇私舞弊的,由任免机关或者监察机关依法给予处分；构成犯罪的，依法追究刑事责任。

第二十三条 牛、羊实行集中定点屠宰，屠宰管理参照本规定执行。

第二十四条 本规定自 2011 年 10 月 1 日起施行。广东省人民政府 1998 年 11 月 17 日以第 47 号政府令发布、2002 年 8 月 28 日以第 78 号令修改的《广东省生猪屠宰管理规定》同时废止。

屠宰执法监督检查人员管理办法

关于印发《屠宰执法监督检查人员管理办法》的通知

各省、自治区、直辖市、计划单列市贸易（商业、商务）厅（局、委、办），湖南省财贸办，新疆建设兵团贸易局：

为规范和加强生猪屠宰监督管理工作，提高执法质量，保证屠宰执法检查人员公正执法，根据国务院《生猪屠宰管理条例》和我部《生猪屠宰管理条例实施办法》，特制定《屠宰执法监督检查人员管理办法》，现印发给你们，请认真实施。

国内贸易部
1998年2月27日

第一条 为加强屠宰监督管理工作，提高执法质量，保证屠宰执法监督检查人员公正执法，根据《生猪屠宰管理条例》（以下简称《条例》）及其《实施办法》和有关规定，制定本办法。

第二条 屠宰执法监督检查人员是代表国家监督实施《条例》及其有关法规的执法人员。

第三条 各级商品流通行政主管部门负责本行政区域内屠宰执法监督检查人员的管理。

第四条 屠宰执法监督检查人员，必须具备下列条件：

（一）商品流通行政部门的公务人员；

（二）具有中等以上学历或同等学历水平；

（三）熟悉屠宰管理法规、规章及其它有关法律、法规、国家及行业标准；

（四）具有独立从事屠宰执法监督检查管理的实际工作能力。

第五条 市、县商品流通行政主管部门，根据实际工作需要，配备相应数量的屠宰执法监督检查人员。

第六条 确定屠宰执法监督检查人员的程序：市、县商品流通行政主管部门根据本办法第四条规定的条件推荐，经省级人民政府商品流通行政主管部门审核后，参加国务院商品流通行政主管部门统一组织的培训、考核，取得屠宰执法监督检查人员资格，由省级商品流通行政主管部门发给《屠宰执法监督检查证》。

第七条 屠宰执法监督检查人员的职责：

（一）行使《条例》规定的监督检查任务；

（二）对违反《条例》和有关法规的单位和个人，依法进行处理；

（三）指导定点屠宰厂（场）执行《条例》和有关法规、标准。

第八条 屠宰执法监督检查人员在执行任务时，必须做到：

（一）出示证件；

（二）按规定权限和程序进行取样，处罚；

（三）办案及时，不无故拖延或者拒绝；

（四）不以权谋私、索钱要物、弄虚作假。

第九条 市、县商品流通行政主管部门应当建立屠宰执法监督检查人员违章、违纪档案登记制度，坚持对屠宰执法监督检查人员进行法制教育和业务培训。

第十条 屠宰执法监督检查人员有下列情况之一的予以免职：

（一）业务素质和技能差，不能胜任屠宰执法监督工作的；

（二）因伤、残、病等无法继续从事屠宰执法监督工作的；

（三）调离、退休、退职的。

第十一条 屠宰执法监督检查人员有下列情况之一的予以撤职：

（一）违章、违纪，经批评教育不改的；

（二）滥用职权、徇私舞弊，玩忽职守，索贿受贿的。

第十二条 屠宰执法监督检查人员免职和撤职由市、县商品流通行政主管部门提出，省级商品流通行政主管部门确定。

对免职、撤职的屠宰执法监督检查人员，应当及时收回《屠宰执法监督检查证》。

第十三条 屠宰执法监督检查人员在管理监督工作中成绩显著的，由主管部门给予表彰和奖励。

第十四条 证书遗失时,要立即报告核发证件的商品流通行政主管部门,经核实登报声明作废,并按规定程序予以补发。

第十五条 本办法由国务院商品流通行政主管部门负责解释。

第十六条 本办法自发布之日起施行。

黑龙江省畜禽屠宰管理条例

（2009年10月23日黑龙江省第十一届人民代表大会常务委员会第十三次会议通过；根据2015年4月17日黑龙江省第十二届人民代表大会常务委员会第十九次会议《关于废止和修改〈黑龙江省文化市场管理条例〉等五十部地方性法规的决定》修正)

第一章 总 则

第一条 为了加强畜禽屠宰管理，防止疫病传播，保证畜禽产品质量安全，保障人体健康，根据有关法律、行政法规，结合本省实际，制定本条例。

第二条 在本省行政区域内从事畜禽屠宰和与畜禽屠宰有关的分割、冷藏、运输以及对上述活动的监督管理，适用本条例。

第三条 本条例所称畜禽，是指人工饲养的猪、牛、羊、鸡、鸭、鹅等。

本条例所称畜禽产品，是指畜禽屠宰后未经加工的胴体、肉、脂、脏器、血液、骨、头、蹄、皮等。

第四条 本省实行畜禽定点屠宰、集中检疫制度。

未经定点，任何单位和个人不得从事畜禽屠宰活动。但农村居民屠宰自己食用的畜禽，城镇居民屠宰自己食用的禽类除外。

第五条 县级以上人民政府应当加强对畜禽屠宰监督管理

工作的领导，强化畜禽屠宰监督管理队伍建设，加大基础设施和设备投入，及时协调解决畜禽屠宰监督管理工作中的重大问题。引导、扶持畜禽定点屠宰厂（场）向机械化、规模化、标准化方向发展。

县级以上人民政府应当将畜禽屠宰监督管理所需经费列入同级财政预算。

第六条 县级以上人民政府畜牧兽医主管部门负责本行政区域内畜禽屠宰监督管理工作。其所属的畜禽屠宰管理机构，协助畜牧兽医主管部门开展对本行政区域内畜禽屠宰活动的日常监督检查，并受畜牧兽医主管部门的委托，对违反本条例的行为实施行政处罚。

省农垦总局、省森林工业总局负责垦区、国有森工林区内畜禽屠宰活动的监督管理工作，业务上接受省人民政府畜牧兽医主管部门的指导和监督。

县级以上人民政府卫生计生、工商、质量技术监督、环境保护、民族事务、公安、财政、规划、住房建设等有关部门，应当在各自职责范围内，依法做好畜禽屠宰监督管理的有关工作。

乡镇人民政府应当协助县级人民政府畜牧兽医主管部门，做好本乡镇畜禽屠宰活动的监督管理工作。

第七条 生产经营者应当对其生产、加工、销售的畜禽产品的质量安全负责，不得生产、加工、销售不符合法定要求的畜禽产品。

第八条 鼓励畜禽定点屠宰企业和畜禽产品经营者在自愿的基础上依法成立专业化行业组织，发挥协调和自律作用。

第二章 屠宰厂（场）设立、变更与撤销

第九条 畜禽定点屠宰厂（场）设置规划由省人民政府畜牧兽医主管部门会同有关部门按照合理布局、适当集中、有利流通、方便群众的原则，结合本省实际情况编制，报省人民政府批准后实施。

畜禽定点屠宰厂（场）设置规划应当包括畜禽定点屠宰厂（场）、小型生猪屠宰场点的数量、布局等内容。

设立（包括新建、迁建，下同）畜禽定点屠宰厂（场）、小型生猪屠宰场点，应当符合畜禽定点屠宰厂（场）设置规划。

第十条 畜禽定点屠宰厂（场）、小型生猪屠宰场点的选址，应当符合规划、建设、土地、环境保护、动物防疫、食品安全等方面有关法律、法规的规定。

第十一条 设立畜禽定点屠宰厂（场）应当具备下列条件：

（一）有与屠宰规模相适应，水质符合国家规定标准的水源条件；

（二）有符合国家规定要求的待宰间、屠宰间、急宰间以及畜禽屠宰设备和运载工具；

（三）有与屠宰规模相适应并依法取得健康证明的屠宰技术人员；

（四）有与屠宰规模相适应并经省人民政府畜牧兽医主管部门考核合格的肉品品质检验人员；

（五）有符合国家规定要求的检验设备、消毒设施、消毒

药品以及符合环境保护要求的污染防治设施；

（六）有病害畜禽及畜禽产品无害化处理设施；

（七）依法取得动物防疫条件合格证；

（八）法律、法规规定的其他条件。

第十二条 申请设立畜禽定点屠宰厂（场），应当向所在市（地）人民政府（行署）畜牧兽医主管部门提出书面申请。市（地）人民政府（行署）畜牧兽医主管部门应当自收到申请之日起二十个工作日内，根据畜禽定点屠宰厂（场）设置规划，会同有关部门进行审查。

市（地）人民政府（行署）畜牧兽医主管部门应当就申请设立的畜禽定点屠宰厂（场）是否符合畜禽定点屠宰厂（场）设置规划，书面征求省人民政府畜牧兽医主管部门的意见后，报市（地）人民政府（行署）作出同意或者不同意建设畜禽定点屠宰厂（场）的书面决定。省人民政府畜牧兽医主管部门应当在七个工作日内作出答复。

申请人获得市（地）人民政府（行署）作出的同意建设的书面决定后，方可建设畜禽定点屠宰厂（场）。

第十三条 畜禽定点屠宰厂（场）建成竣工后，申请人应当向市（地）人民政府（行署）畜牧兽医主管部门提出验收申请。

市（地）人民政府（行署）畜牧兽医主管部门应当自收到申请人提出的验收书面申请之日起十五个工作日内，会同有关部门按照本条例第十一条的规定进行验收；验收合格的，报市（地）人民政府（行署）颁发畜禽定点屠宰证书和标志牌，并报省人民政府畜牧兽医主管部门备案。

畜禽定点屠宰厂（场）应当将依法取得的畜禽定点屠宰标志牌挂于厂（场）的显著位置。

畜禽定点屠宰厂（场）申请设立分厂（场）的，应当依据本条例规定提出申请，经审查符合畜禽定点屠宰厂（场）设立条件的，对其分厂（场）颁发畜禽定点屠宰证书和标志牌。

第十四条　在边远和交通不便的农村地区，经批准可以设置小型生猪屠宰场点。但依法设置的生猪定点屠宰厂（场）能够保证供应的地区，不得设立小型生猪屠宰场点。小型生猪屠宰场点生产的生猪产品，仅限于供应本地市场。

小型生猪屠宰场点定点条件、批准程序和管理办法，由省人民政府按照方便群众、供应充足、管理科学、保障健康的原则规定。

第十五条　省人民政府畜牧兽医主管部门应当定期将全省的畜禽定点屠宰厂（场）名单向社会公布。

第十六条　畜禽定点屠宰厂（场）改建、扩建或者其所有权、经营权发生变更的，应当在改建、扩建竣工验收完成或者所有权、经营权发生变更之日起二十日内向市（地）人民政府（行署）畜牧兽医主管部门备案。

第十七条　畜禽定点屠宰厂（场）歇业、停业预计超过三十日的，应当自歇业、停业之日起十日内向所在县级人民政府畜牧兽医主管部门报告。

畜禽定点屠宰厂（场）歇业、停业超过一百八十日的，县级人民政府畜牧兽医主管部门应当报市（地）人民政府（行署）畜牧兽医主管部门对其是否符合本条例规定的条件进行审查。

第十八条 畜禽定点屠宰厂（场）不再符合法定条件要求的，由县级以上人民政府畜牧兽医主管部门责令其停止屠宰活动，限期整改；逾期未改正或者经整改后仍不合格的，由市（地）人民政府（行署）取消其定点资格，并在当地媒体上公布。

第三章 畜禽屠宰与检验

第十九条 畜禽定点屠宰厂（场）应当建立畜禽进厂（场）屠宰检查登记制度，对经动物卫生监督机构检疫合格并附有检疫证明的畜禽，方可屠宰。

第二十条 畜禽定点屠宰厂（场）屠宰畜禽，应当按照下列操作规程进行，并符合国家规定的其他技术和有关动物福利的要求：

（一）畜禽屠宰前，应当停食静养；

（二）畜禽放血前应当冲洗体表，清除血块污垢，宰杀后放血时间充分；

（三）屠宰用水应当保持清洁卫生，烫毛池应当定时更换用水，冷水池应当保持长流水；

（四）宰后胴体应当悬挂于通风、阴凉、清洁的场所，不得被有害、有异味的物体污染；

（五）屠宰过程中，畜禽产品应当按照国家有关要求盛放，不得落地，废弃物应当专门存放、处置，不得污染环境；

（六）胴体及脏器不得带有血、毛、粪、污、伤斑、病灶及有害腺体，应当防止交叉污染；

（七）未能及时销售或者及时出厂（场）的畜禽产品应当

采取冷冻或者冷藏等必要措施储存；

（八）屠宰车间、设备、工具等应当及时进行清洗、消毒。

第二十一条 畜禽定点屠宰厂（场）应当建立并实行肉品品质检验制度，肉品品质检验必须与畜禽屠宰同步进行。畜禽定点屠宰厂（场）应当对肉品品质检验者、检验结果及处理情况进行记录，检验结果及处理情况记录保存期限不得少于二年。

肉品品质检验内容包括：

（一）健康状况；

（二）传染病和寄生虫病以外的疾病；

（三）注水或者注入其他物质；

（四）有害物质；

（五）有害腺体；

（六）屠宰加工质量；

（七）白肌肉（PSE肉）或者黑干肉（DFD肉）；

（八）种猪及晚阉猪、奶公牛犊；

（九）国家规定的其他检验项目。

第二十二条 经肉品品质检验合格的畜禽产品，畜禽定点屠宰厂（场）应当加盖肉品品质检验合格验讫印章或者附具肉品品质检验合格标志。其中，片猪肉等可以加盖印章的，应当加盖肉品品质检验合格验讫印章；不便加盖印章的，应当使用肉品品质检验合格标志，方可出厂（场）。

经肉品品质检验不合格的畜禽产品，应当在肉品品质检验人员的监督下，按照国家有关规定处理，并如实记录处理情况，记录保存期限不得少于二年。

第二十三条 种猪、晚阉猪和奶公牛犊产品出厂（场）时，畜禽定点屠宰厂（场）应当加盖专用检验标志。

销售种猪、晚阉猪和奶公牛犊产品，销售者应当在销售场所以明示的方式告知消费者。

第二十四条 任何单位和个人不得对畜禽和畜禽产品注水或者注入其他物质。

任何单位和个人不得屠宰、加工、销售注水或者注入其他物质、染疫或者疑似染疫、病死、毒死、死因不明的畜禽。

第二十五条 畜禽定点屠宰厂（场）应当对检疫、检验出的病害畜禽及其产品作无害化处理。

政府对病害畜禽损失和无害化处理费用，根据实际情况给予适当补贴。具体补贴和监督办法由省人民政府财政部门会同省人民政府畜牧兽医主管部门制定。

第二十六条 畜禽屠宰的检疫及其监督，依照《中华人民共和国动物防疫法》和国务院的有关规定执行。畜禽屠宰的卫生检验及其监督，依照《中华人民共和国食品安全法》的有关规定执行。

第四章 畜禽产品经营与管理

第二十七条 畜禽定点屠宰厂（场）应当建立信息报送制度，按照国家有关屠宰统计报表制度的要求，及时报送屠宰、销售和停业、歇业等相关信息。

第二十八条 畜禽定点屠宰厂（场）、应当建立畜禽产品质量可追溯制度。

畜禽定点屠宰厂（场）应当如实记录其屠宰的畜禽来源和

畜禽产品流向等信息，记录保存期限不得少于二年。

　　第二十九条　畜禽定点屠宰厂（场）应当建立产品召回制度，发现其产品不安全时，应当立即停止生产，向社会公布有关信息，通知销售者停止销售，告知消费者停止使用，召回已经上市销售的产品，并向所在县级人民政府畜牧兽医主管部门报告。

　　畜禽定点屠宰厂（场）对召回的产品应当采取无害化处理措施，防止该产品再次流入市场。

　　给消费者造成损害的，应当依法赔偿损失。

　　第三十条　运输畜禽产品应当使用专用运载工具，猪、牛、羊胴体应当实行密闭、吊挂运输；其他畜禽产品应当实行密闭运输，并使用专用容器盛装。

　　专用运载工具应当有明显标志，不得用于其他用途。运输超过四小时的，应当采取冷链运输。

　　第三十一条　经营者凭动物卫生监督机构出具的动物产品检疫合格证明、标志、章和畜禽定点屠宰厂（场）出具的肉品品质检验合格验讫印章或者肉品品质检验合格标志销售畜禽产品。

　　第三十二条　从事畜禽产品销售、肉食品生产加工的单位和个人以及餐饮服务经营者、集体供餐、配送单位，销售、使用的畜禽产品应当是畜禽定点屠宰厂（场）屠宰的畜禽产品或者小型生猪屠宰场点屠宰的生猪产品。

　　经县级以上人民政府畜牧兽医主管部门批准，偏远旅游风景区的特色饭店、宾馆可以自宰自用禽类产品，但应当接受动物卫生监督机构依法检疫。

第三十三条 畜禽定点屠宰厂（场）、小型生猪屠宰场点出具的肉品品质检验合格验讫印章、肉品品质检验合格标志应当有所区别。

畜禽产品肉品品质检验合格验讫印章、肉品品质检验合格标志的具体式样，由省人民政府畜牧兽医主管部门另行公布。

任何单位和个人不得伪造、冒用、涂改、出租、出借或者转让畜禽定点屠宰证书或者标志牌、肉品品质检验合格验讫印章、肉品品质检验合格标志。

第三十四条 任何单位和个人不得为未取得畜禽定点屠宰资格的单位和个人提供畜禽屠宰场所、屠宰工具、运输工具和仓储设施。

第三十五条 县级以上人民政府畜牧兽医主管部门应当加强畜禽定点屠宰管理，开展经常性监督检查。

依法进行监督检查时，可以采取下列措施：

（一）进入畜禽屠宰等有关场所实施现场检查；

（二）查阅、复制有关合同、票据、账簿以及其他有关资料；

（三）取样化验、查验证件；

（四）扣押与违法屠宰活动有关的畜禽产品和违法接收的病死、注水或者注入其他物质的畜禽以及用于违法屠宰经营的工具、设备和运载工具；

（五）查封与违法屠宰活动有关的场所、设施。

第五章 法律责任

第三十六条 违反本条例规定，未经定点擅自从事畜禽屠宰活动的，由县级以上人民政府畜牧兽医主管部门予以取缔，没收其畜禽、畜禽产品、屠宰工具、设备和违法所得，并处货值金额三倍以上五倍以下罚款；货值金额难以确定的，对单位并处十万元以上二十万元以下罚款，对个人并处五千元以上一万元以下罚款。

冒用或者使用伪造的畜禽定点屠宰证书或者标志牌、小型生猪屠宰场点证书或者标志牌的，依照前款规定处罚；情节严重的，由公安机关依据《中华人民共和国治安管理处罚法》进行处罚。

在市场内擅自屠宰畜禽的，由工商行政管理部门依照有关规定给予处罚。

在实行相对集中行政处罚权的城镇街道或者居民生活区内擅自屠宰畜禽的，由城市管理行政执法部门依法处罚。

第三十七条 出借、转让畜禽定点屠宰证书或者标志牌、小型生猪屠宰场点证书或者标志牌的，由市（地）人民政府（行署）取消其定点资格；有违法所得的，由市（地）人民政府（行署）畜牧兽医主管部门没收违法所得。

第三十八条 违反本条例规定，为非法屠宰畜禽，对畜禽或者畜禽产品注水或者注入其他物质的单位和个人提供场所、屠宰工具、运输工具或者仓储设施的，由县级以上人民政府畜牧兽医主管部门责令改正，没收违法所得，对单位并处二万元以上五万元以下罚款，对个人并处五千元以上一万元以下罚款。

第三十九条 违反本条例规定，畜禽定点屠宰厂（场）有下列情形之一的，由县级以上人民政府畜牧兽医主管部门责令限期改正；逾期未改正的，责令停业整顿，处二万元以上五万元以下罚款，对其主要负责人处五千元以上一万元以下罚款：

（一）未建立或者实行畜禽进厂（场）屠宰检查登记制度的；

（二）屠宰畜禽不符合国家和本条例规定的操作规程、技术要求的；

（三）未建立或者实行肉品品质检验制度的；

（四）对经肉品品质检验不合格的畜禽产品，未按照国家有关规定处理并如实记录处理情况或者记录保存期限少于二年的；

（五）未如实记录其屠宰的畜禽来源和畜禽产品流向或者记录保存期限少于二年的；

（六）未建立或者实行畜禽屠宰信息报送制度的。

第四十条 违反本条例规定，畜禽定点屠宰厂（场）、其他单位或者个人对畜禽、畜禽产品注水或者注入其他物质的，由县级以上人民政府畜牧兽医主管部门没收注水或者注入其他物质的畜禽、畜禽产品、注水工具和设备以及违法所得，并处货值金额三倍以上五倍以下罚款，对畜禽定点屠宰厂（场）或者其他单位的主要负责人处一万元以上二万元以下罚款；货值金额难以确定的，对畜禽定点屠宰厂（场）或者其他单位并处五万元以上十万元以下罚款，对个人并处一万元以上二万元以下罚款。

畜禽定点屠宰厂（场）对畜禽、畜禽产品注水或者注入其他物质的，除依照前款规定处罚外，还应当由县级以上人民政府畜牧兽医主管部门责令停业整顿；造成严重后果，或者两次以上对畜禽、畜禽产品注水或者注入其他物质的，由市（地）人民政府（行署）取消其定点资格。

畜禽定点屠宰厂（场）屠宰已注水或者注入其他物质的畜禽的，由县级以上人民政府畜牧兽医主管部门责令改正，没收注水或者注入其他物质的畜禽产品以及违法所得，并处货值金额一倍以上三倍以下罚款，对其主要负责人处一万元以上二万元以下罚款；货值金额难以确定的，对畜禽定点屠宰厂（场）并处二万元以上五万元以下罚款；拒不改正的，责令停业整顿；造成严重后果的，由市（地）人民政府（行署）取消其定点资格。

第四十一条　违反本条例规定，畜禽定点屠宰厂（场）出厂未经肉品品质检验或者经肉品品质检验不合格的畜禽产品的，由县级以上人民政府畜牧兽医主管部门责令停业整顿，没收畜禽产品和违法所得，并处货值金额一倍以上三倍以下罚款，对其主要负责人处一万元以上二万元以下罚款；货值金额难以确定的，对畜禽定点屠宰厂（场）并处五万元以上十万元以下罚款；造成严重后果的，由市（地）人民政府（行署）取消其定点资格。

第四十二条　违反本条例规定，畜禽定点屠宰厂（场）出厂（场）种猪、晚阉猪和奶公牛犊产品未加盖专用检验标志的，由县级以上人民政府畜牧兽医主管部门责令改正；拒不改正的，没收其畜禽产品，并处五千元以上一万元以下罚款。

销售种猪、晚阉猪和奶公牛犊产品，未在销售场所以明示的方式告知消费者的，由工商行政管理部门责令改正；拒不改正的，没收其产品，并处一千元以上二千元以下罚款。

第四十三条 违反本条例规定，任何单位和个人超出规定的范围销售小型生猪屠宰场点屠宰加工的生猪产品的，由工商行政管理部门没收生猪产品和违法所得，并处五百元以上一千元以下罚款。

第四十四条 违反本条例规定，运输畜禽产品未使用国家或者省规定的专用运载工具的，由县级以上人民政府畜牧兽医主管部门责令限期改正；逾期未改正的，处五千元以上二万元以下罚款。

第四十五条 违反本条例规定，从事畜禽产品销售、肉食品生产加工的单位和个人以及餐饮服务经营者、集体供餐、配送单位，销售、使用非畜禽定点屠宰厂（场）屠宰的畜禽产品或者非小型生猪屠宰场点屠宰的生猪产品，未经肉品品质检验或者经肉品品质检验不合格的畜禽产品以及注水或者注入其他物质的畜禽产品的，由工商、卫生计生、质量技术监督部门依据各自职责，没收尚未销售、使用的畜禽产品以及违法所得，并处货值金额三倍以上五倍以下罚款；货值金额难以确定的，对单位并处五万元以上十万元以下罚款，对个人并处一万元以上二万元以下罚款；情节严重的，由原发证（照）机关吊销有关证照。

第四十六条 违反本条例规定，伪造、冒用、涂改、出租、出借或者转让畜禽定点屠宰厂（场）出具的肉品品质检验合格验讫印章、肉品品质检验合格标志的，由县级以上人民政府畜牧兽医主管部门责令改正，处五千元以上一万元以下罚款；有违法所得的，没收违法所得；情节严重的，由公安机关依据《中华人民共和国治安管理处罚法》进行处罚。

第四十七条 违反本条例规定，以暴力、胁迫等方法阻碍畜禽屠宰执法人员依法执行公务的，由公安机关依法处理。

第四十八条 县级以上人民政府畜牧兽医主管部门、有关行政部门及其工作人员有下列行为之一，尚未构成犯罪的，由其所在单位、上级主管部门或者监察机关对直接负责的主管领导和其他直接责任人员依法给予行政处分：

（一）未按规定程序、条件审查、批准定点屠宰厂（场）的；

（二）未依法履行职责，造成畜禽产品质量安全事故的；

（三）接到举报或者发现违法屠宰、经营行为不查处的；

（四）不依法履行检疫检验和监管职责，造成违法屠宰或者不合格畜禽产品流通的；

（五）隐瞒畜禽产品质量安全事故不报的；

（六）有其他滥用职权、徇私舞弊、渎职失职行为的。

第四十九条 违反本条例规定情节严重，构成犯罪的，依法追究刑事责任。

第六章 附 则

第五十条 供应少数民族食用畜禽的定点屠宰活动，应当尊重少数民族风俗习惯，按照国家和省有关规定执行。

第五十一条 本条例自2010年1月1日起施行。

内蒙古自治区牛羊屠宰管理办法

内蒙古自治区人民政府令

第 218 号

《内蒙古自治区牛羊屠宰管理办法》已经 2016 年 2 月 24 日自治区人民政府第 66 次常务会议审议通过,现予公布,自 2016 年 6 月 1 日起施行。

自治区代主席　布小林
2016 年 4 月 1 日

第一章　总　则

第一条　为了加强牛羊屠宰管理,规范牛羊屠宰行为,保证牛羊产品质量,保障牛羊屠宰行业健康发展和公众身体健康,根据《中华人民共和国食品安全法》、《生猪屠宰管理条例》、《内蒙古自治区动物防疫条例》和国家有关法律、法规,结合自治区实际,制定本办法。

第二条　自治区行政区域内的牛羊屠宰活动及其监督管理,应当遵守本办法。

本办法所称牛羊产品,是指牛羊在屠宰后未经加工的胴体、肉、脂、脏器、血液、骨、头、蹄、皮、尾等。

第三条　自治区对牛羊实行定点屠宰、集中检疫制度。

未经定点,任何单位和个人不得从事牛羊屠宰,农村牧区个人自宰自食的除外。

"农家乐"、"牧家游"等所涉及的牛羊屠宰由盟行政公署、设区的市人民政府根据本地区实际制定管理办法。

第四条 牛羊定点屠宰厂（场）是牛羊产品质量安全的责任主体，应当接受社会监督，承担社会责任。

第五条 旗县级以上人民政府应当统一组织、领导、协调本行政区域内的牛羊屠宰管理工作，将牛羊屠宰监督管理和屠宰技术指导所需经费纳入本级财政预算。

第六条 自治区人民政府兽医主管部门应当会同发展和改革、经济和信息化等有关部门，编制牛羊屠宰行业发展规划。

第七条 旗县级以上人民政府兽医主管部门负责本行政区域内牛羊屠宰的监督管理工作。

旗县级以上人民政府设立的动物卫生监督机构负责本行政区域内的牛羊屠宰日常监督管理工作。

旗县级以上人民政府设立的动物疫病预防控制机构负责本行政区域内的牛羊屠宰技术指导。

食品药品监督管理、工商行政管理、质量技术监督、环境保护、公安、规划、民族事务、城管等部门按照各自职责，做好与牛羊屠宰活动的相关管理工作。

苏木乡镇人民政府和街道办事处应当配合动物卫生监督机构做好牛羊屠宰的相关工作。

第八条 自治区引导、鼓励、支持牛羊定点屠宰厂（场）技术创新和技术改造，促进机械化、规模化、标准化、品牌化和信息化建设。

第九条 自治区人民政府兽医主管部门应当根据牛羊定点

屠宰厂（场）规模、生产和技术条件以及质量安全管理状况，对牛羊定点屠宰厂（场）实行分类管理。

第十条 依法成立的牛羊屠宰行业协会，应当加强行业自律，推动行业诚信建设，为会员提供信息、技术、培训等服务，宣传、普及肉食品安全知识。

第十一条 从事清真牛羊屠宰的，除应当符合本办法的规定外，还应当符合国家和自治区有关清真食品管理的规定和少数民族食用清真食品的习俗。

第二章 牛羊定点屠宰厂（场）设立

第十二条 牛羊定点屠宰厂（场）应当具备下列条件：

（一）符合《动物防疫条件审查办法》的规定；

（二）依法取得环境影响评价手续和规划选址意见书；

（三）有与屠宰规模相适应，水质符合国家规定标准的水源条件；

（四）有符合国家规定要求的待宰圈、隔离圈、待宰间、急宰间、屠宰间、检疫检验室以及牛羊屠宰设施设备和运载工具；

（五）有经考核合格与企业规模相适应的检疫检验人员；

（六）有依法取得健康证明、符合屠宰规模和岗位要求的屠宰技术人员；

（七）有符合国家规定要求的检疫检验设备、消毒设施、冷藏设施、水洗设施、排酸车间；

（八）有病害牛羊以及牛羊产品无害化处理设施或者与无害化处理场签订的无害化处理委托合同；

（九）法律、法规规定的其他条件。

第十三条 在边远和交通不便的农村牧区，可以设置仅限于向本地市场（苏木乡镇以下）供应牛羊产品的小型牛羊屠宰场。

第十四条 小型牛羊定点屠宰场应当具备下列条件：

（一）符合《动物防疫条件审查办法》的规定；

（二）有固定的屠宰场所；

（三）有独立的待宰圈、隔离圈、待宰间、急宰间、屠宰间；

（四）有经考核合格与企业规模相适应的检疫检验人员；

（五）有依法取得健康证明、符合屠宰规模和岗位要求的屠宰技术人员；

（六）具备基本的卫生条件和污染防治设施；

（七）有病害牛羊以及牛羊产品无害化处理设施或者与无害化处理场签订的无害化处理委托合同；

（八）法律、法规规定的其他条件。

第十五条 新建、改建、扩建牛羊定点屠宰厂（场），申请人应当向厂（场）址所在地旗县级人民政府兽医主管部门提出书面申请，盟行政公署、设区的市人民政府兽医主管部门按照本办法和自治区牛羊屠宰行业发展规划，会同有关部门进行审查，作出书面决定，不符合条件的，应当书面说明理由。

第十六条 牛羊定点屠宰厂（场）建成竣工后，申请人提出书面验收申请，盟行政公署、设区的市人民政府兽医主管部门自受理之日起二十日内会同有关部门验收，验收合格的，由盟行政公署、设区的市人民政府兽医主管部门发放牛羊定点屠宰证书和牛羊定点屠宰标志牌；验收不合格的，应当书面通知申请人并说明理由。

盟行政公署、设区的市人民政府兽医主管部门应当将验收合格的牛羊定点屠宰厂（场）名单及时向社会公布。

第十七条 自治区人民政府兽医主管部门对全区牛羊定点屠宰证书、章、标志牌进行统一编码，负责统一制作牛羊定点屠宰证书、肉品品质检验合格证、检疫检验合格验讫印章、无害化处理印章、标志牌等。

盟行政公署、设区的市人民政府兽医主管部门应当建立牛羊定点屠宰证书、章和标志牌管理使用制度，负责发放本行政区域内牛羊定点屠宰证书、检疫检验合格验讫印章、无害化处理印章、标志牌等。

第十八条 牛羊定点屠宰证书应当载明牛羊定点屠宰厂（场）名称、地址、法定代表人（负责人）、屠宰种类等事项。

牛羊定点屠宰厂（场）应当将牛羊定点屠宰标志牌悬挂于厂（场）区的显著位置。

第十九条 牛羊定点屠宰厂（场）不得出租、出借和转让牛羊定点屠宰证书、章和标志牌。

任何单位和个人不得伪造、变造、冒用牛羊定点屠宰证书、章和标志牌。

第二十条 牛羊定点屠宰厂（场）的名称、法定代表人（负责人）发生变更的，应当在取得营业执照之日起二十日内办理牛羊定点屠宰证书的变更手续。

第二十一条 牛羊定点屠宰厂（场）应当加强检疫检验人

员和屠宰技术人员的个人防护，定期进行体检，防止职业病的发生。

第三章 牛羊定点屠宰

第二十二条 牛羊定点屠宰厂（场）应当按照国家、自治区有关行业标准、技术规范和操作规程组织生产，建立牛羊屠宰管理制度，并在屠宰车间明示牛羊屠宰检疫检验操作工艺流程图、位置图。

牛羊定点屠宰厂（场）应当采用符合动物福利要求的屠宰方式。

第二十三条 进入牛羊定点屠宰厂（场）屠宰的牛羊应当附有动物卫生监督机构出具的《动物检疫合格证明》，并佩戴畜禽标识。

第二十四条 牛羊定点屠宰厂（场）应当建立牛羊产品质量追溯制度。如实记录牛羊进厂（场）时间、来源、数量、《动物检疫合格证明》、畜禽标识以及产品出厂（场）时间、品种、数量、流向和检疫检验、无害化处理等内容，并保存相关凭证。记录和凭证保存期限不得少于产品保质期满后六个月；没有明确保质期的，保存期限不得少于二年。

第二十五条 任何单位和个人不得有下列行为：

（一）不得对牛羊、牛羊产品注水或者注入其他物质；

（二）不得为未经定点从事牛羊屠宰的单位或者个人提供牛羊屠宰场所或者牛羊产品贮存设施；

（三）不得为对牛羊、牛羊产品注水或者注入其他物质的单位或者个人提供场所。

牛羊定点屠宰厂（场）不得屠宰注水或者注入其他物质的牛羊。

第二十六条　牛羊定点屠宰厂（场）应当建立牛羊屠宰安全自查制度，定期对牛羊屠宰安全状况进行检查评价。生产条件发生变化，不再符合牛羊屠宰安全要求的，牛羊定点屠宰厂（场）应当立即采取整改措施；发生牛羊产品安全事故潜在风险的，应当立即停止屠宰活动，并向所在地旗县级人民政府动物卫生监督管理机构报告。

第二十七条　牛羊定点屠宰厂（场）应当向旗县级以上人民政府动物卫生监督管理机构及时报送牛羊收购、屠宰、销售等相关信息。

第二十八条　牛羊定点屠宰厂（场）应当建立牛羊产品召回制度，发现其牛羊产品存在安全隐患，可能对公众健康和生命安全造成损害的，应当立即停止生产，通知销售者和消费者，召回已经上市销售的牛羊产品，并记录召回和通知情况，对召回的牛羊产品应当进行无害化处理。

第二十九条　牛羊定点屠宰厂（场）应当按照国家规定对病害牛羊以及牛羊产品进行无害化处理。无害化处理的费用和损失，按照国家和自治区财政部门的规定予以补贴。

第四章　牛羊定点屠宰检疫检验

第三十条　牛羊定点屠宰厂（场）应当建立牛羊屠宰产品质量控制体系，明确牛羊屠宰检疫检验负责人。

第三十一条　经考核合格的牛羊定点屠宰厂（场）检疫检验人员应当按照国务院兽医主管部门规定的检疫检验规程，对屠宰牛羊同步实施检疫检验，并出具检疫检验报告。

牛羊定点屠宰厂（场）检疫检验人员应当按照国务院兽医主管部门的规定，如实记录检疫检验过程和结果，并对检疫检验报告负责。

第三十二条 旗县级人民政府动物卫生监督机构应当向牛羊定点屠宰厂（场）派驻官方兽医，对牛羊屠宰检疫检验过程进行巡监和抽检。

官方兽医对牛羊定点屠宰厂（场）出具的检疫检验报告进行审核，结合抽样检验、巡监等措施进行判定，对符合规定要求的牛羊产品出具《动物检疫合格证明》。

第三十三条 牛羊产品未经检疫检验或者经检疫检验不合格的，不得出牛羊定点屠宰厂（场）。

第三十四条 从事牛羊产品销售、肉食品生产加工的单位和个人以及餐饮服务经营者、集体伙食单位，不得经营未按规定进行检疫或者检疫不合格的牛羊产品，或者生产经营未经检验或者检验不合格的牛羊产品。

第五章 监督管理

第三十五条 自治区人民政府兽医主管部门根据国家牛羊屠宰质量安全监控计划，制定和实施自治区牛羊屠宰质量安全监控方案。

旗县级以上人民政府兽医主管部门应当制定屠宰环节牛羊产品质量安全年度抽检计划，并组织实施。

第三十六条 动物卫生监督机构依法对牛羊屠宰活动进行监督检查，可以采取下列措施：

（一）进入牛羊屠宰等有关场所实施现场监督检查；

（二）向有关单位和个人了解情况；

（三）查阅、复制有关记录、票据以及其他资料；

（四）对牛羊、牛羊产品按照规定采样、留验、抽检；

（五）对监督抽检过程中发现的含有或者疑似含有有毒有害物质的牛羊、牛羊产品采取证据保全措施。

第三十七条 动物卫生监督机构的执法人员进行监督检查时，应当出示行政执法证件。

对动物卫生监督机构依法进行的监督检查，有关单位和个人应当予以配合，不得拒绝、阻碍。

第三十八条 动物卫生监督机构在监督检查中发现牛羊定点屠宰厂（场）不再具备本办法规定条件的，应当责令限期整改；逾期仍达不到本办法规定条件的，由原发证机关撤销牛羊定点屠宰证书和收回牛羊定点屠宰标志牌。

第三十九条 动物卫生监督机构在监督检查中发现牛羊屠宰活动涉嫌犯罪的，应当依法移送公安机关。

第六章 法律责任

第四十条 违反本办法规定，未经定点从事牛羊屠宰活动的，由旗县级以上人民政府动物卫生监督机构按照国务院《生猪屠宰管理条例》第二十四条第一款规定予以处罚。

冒用或者使用伪造、变造的牛羊定点屠宰证书或者牛羊定点屠宰标志牌的，依照前款的规定处罚。

牛羊定点屠宰厂（场）出租、出借、转让牛羊定点屠宰证书或者牛羊定点屠宰标志牌的，由旗县级以上人民政府动物卫生监督机构按照国务院《生猪屠宰管理条例》第二十四条第三款规定予以处罚。

第四十一条 牛羊定点屠宰厂（场）有下列情形之一的，由旗县级以上人民政府动物卫生监督机构按照国务院《生猪屠宰管理条例》第二十五条规定予以处罚：

（一）未按照国家、自治区有关行业标准、技术规范和操作规程组织生产的；

（二）未如实记录屠宰牛羊的来源、数量和牛羊产品流向的；

（三）未按照国家规定对病害牛羊以及牛羊产品进行无害化处理的。

第四十二条 牛羊定点屠宰厂（场）发现牛羊产品存在安全隐患，可能对公众健康和生命安全造成损害，未采取停止生产、召回措施的，由旗县级以上人民政府动物卫生监督机构处以1万元以上3万元以下罚款。

第四十三条 牛羊定点屠宰厂（场）出厂（场）未经肉品品质检验或者经肉品品质检验不合格的牛羊产品的，由旗县级以上人民政府动物卫生监督机构按照国务院《生猪屠宰管理条例》第二十六条规定予以处罚。

第四十四条 违反本办法规定，牛羊定点屠宰厂（场）、其他单位或者个人对牛羊、牛羊产品注水或者注入其他物质的，由旗县级以上人民政府动物卫生监督机构按照国务院《生猪屠宰管理条例》第二十七条第一款规定予以处罚。

牛羊定点屠宰厂（场）对牛羊、牛羊产品注水或者注入其他物质的，除依照前款的规定处罚外，还应当由旗县级以上人民政府动物卫生监督机构按照国务院《生猪屠宰管理条例》第二十七条第二款规定予以处罚。

第四十五条　牛羊定点屠宰厂（场）屠宰注水或者注入其他物质的牛羊的，由旗县级以上人民政府动物卫生监督机构按照国务院《生猪屠宰管理条例》第二十八条规定予以处罚。

第四十六条　违反本办法规定，任何单位或者个人为未经定点从事牛羊屠宰的单位或者个人提供牛羊屠宰场所或者牛羊产品贮存设施的，或者为对牛羊、牛羊产品注水或者注入其他物质的单位或者个人提供场所的，由旗县级以上人民政府动物卫生监督机构按照国务院《生猪屠宰管理条例》第三十条规定予以处罚。

第四十七条　违反本办法规定，从事牛羊产品销售、肉食品生产加工的单位和个人以及餐饮服务经营者、集体伙食单位，经营未按规定进行检疫或者检疫不合格的牛羊产品，或者生产经营未经检验或者检验不合格的牛羊产品，由旗县级以上人民政府食品药品监督管理部门按照《中华人民共和国食品安全法》第一百二十三条规定予以处罚。

第四十八条　牛羊屠宰监督管理部门及其工作人员有下列行为之一的，对直接负责的主管人员和其他直接责任人员依法给予行政处分；构成犯罪的，依法追究刑事责任：

（一）未按规定程序和条件审查、批准定点牛羊屠宰厂（场）的；

（二）未依法履行职责，造成牛羊产品质量安全事故的；

（三）接到举报或者发现违法屠宰、经营行为未依法查处的；

（四）隐瞒牛羊产品质量安全事故不报的；

（五）其他玩忽职守、滥用职权、徇私舞弊的行为。

第七章 附 则

第四十九条 牛、羊以外的其他家畜（生猪除外）、家禽屠宰参照本办法执行。

第五十条 本办法自 2016 年 6 月 1 日起施行。

贵州省牲畜屠宰条例

黔人常备〔2015〕19号

（2011年11月23日贵州省第十一届人民代表大会常务委员会第二十五次会议通过；根据2015年7月31日贵州省第十二届人民代表大会常务委员会第十六次会议通过的《贵州省人民代表大会常务委员会关于修改〈贵州省牲畜屠宰条例〉的决定》修正）

第一章 总 则

第一条 为了加强牲畜屠宰管理，保证畜类产品质量安全，保障人民身体健康，根据有关法律、法规的规定，结合本省实际，制定本条例。

第二条 本省行政区域内的牲畜屠宰经营活动及其监督管理适用本条例。

第三条 本省实行牲畜定点屠宰、集中检疫制度。

未经定点，任何单位和个人不得从事牲畜屠宰活动。但农村居民屠宰自己食用的牲畜除外。

在边远和交通不便的农村地区，可以设置仅限于向本地市场供应畜类产品的小型牲畜定点屠宰点。

第四条 县级以上人民政府应当加强对牲畜屠宰管理工作的领导，强化牲畜屠宰管理队伍建设，建立完善畜类产品质量安全追溯体系，协调解决牲畜屠宰管理工作中的重大问题，鼓励、引导、扶持牲畜定点屠宰厂（场）标准化、规模化建设，将牲畜屠宰管理工作所需经费列入本级财政预算。

第五条 县级以上人民政府畜牧兽医主管部门负责本行政区域内牲畜屠宰监督管理工作，其所属的动物卫生监督机构具体负责本行政区域内牲畜屠宰活动的监督执法工作。

县级以上人民政府卫生、食品药品监督、质量技术监督、工商、环境保护、规划、公安、民族事务等部门在各自职责范围内依法负责本行政区域内牲畜屠宰相关管理工作。

乡镇人民政府、街道办事处（社区）应当做好本行政区域内牲畜屠宰活动的监督管理工作。

第六条 畜牧兽医主管部门应当加强对屠宰相关行业协会工作的指导，支持行业协会开展行业自律、提供技术服务等。

第二章 屠宰厂（场、点）设立、变更与撤销

第七条 牲畜定点屠宰厂（场、点）设置规划（以下简称设置规划），由省人民政府畜牧兽医主管部门会同环境保护、国土资源、住房和城乡建设等部门按照合理布局、适当集中、方便群众、有利流通、便于检疫和管理的原则，结合本省实际情况编制，报省人民政府批准后实施。

牲畜定点屠宰厂（场、点）设置规划应当包括牲畜定点屠宰厂（场）及小型牲畜定点屠宰点的数量、布局等内容。

第八条 牲畜定点屠宰厂（场、点）的选址，应当符合下列要求：

（一）位于城乡居住区夏季风向最大频率的下风侧和河流的下游；

（二）与饮用水水源保护区、居民生活区、学校、幼儿园、医院、商场等公共场所和牲畜饲养场以及有关法律、法规规定需要保护的其他区域相距1000米以上，并不得妨碍或者影响所在地居民生活和公共场所的活动；

（三）厂（场、点）址周围应当有良好的环境卫生条件，并应当避开产生有害气体、烟雾、粉尘等物质的工业企业以及垃圾场、污水沟等其他产生污染源的地区或者场所；

（四）法律、法规规定的其他条件。

第九条　牲畜定点屠宰厂（场）应当具备下列条件：

（一）有与屠宰规模相适应，水质符合国家规定标准的水源；

（二）有符合国家规定要求的待宰间、屠宰间、急宰间、隔离间以及牲畜屠宰设备、冷藏设备和运载工具；

（三）有与屠宰规模相适应并依法取得健康证明的屠宰技术人员；

（四）有3名以上依法取得健康证明、经考核合格的肉品品质检验人员；

（五）有符合国家规定要求的检验设备、消毒设施以及符合环境保护要求的污染防治设施；

（六）有满足畜类产品焚毁、化制、高温等无害化处理的设施设备；

（七）依法取得动物防疫条件合格证；

（八）法律、法规规定的其他条件。

第十条　设立牲畜定点屠宰厂（场），申请人应当向所在地市、州人民政府提出书面申请，并提交本条例第八条、第九条规定条件的有关技术资料和说明文件。市、州人民政府收到申请后应当组织畜牧兽医、规划、环境保护等部门根据省人民政府批准的设置规划，依法进行审查并书面征求省人民政府畜牧兽医主管部门的意见，并应当自受理申请后30日内作出是否同意的书面决定。作出不同意决定的，还应当书面说明理由。

申请人凭市、州人民政府同意的书面决定，依法办理相关手续后，方可开工建设。

第十一条 牲畜定点屠宰厂（场）建设完成后，申请人应当向市、州人民政府提出书面验收申请。市、州人民政府应当自收到验收申请之日起15日内，组织畜牧兽医、规划、环境保护等部门按照本条例第八条和第九条的规定进行验收；验收合格的，颁发牲畜定点屠宰证书和标志牌，并报省人民政府畜牧兽医主管部门备案。

第十二条 牲畜定点屠宰厂（场）不得擅自在异地设立分厂（场）或者车间。确需设立分厂（场）或者车间的，按照第十条、第十一条规定程序申请、建设、验收、颁证后投入使用。

第十三条 小型牲畜定点屠宰点应当符合以下条件：

（一）地处偏僻、居住分散、交通不便；

（二）设计规模不超过每日屠宰30头牲畜；

（三）有固定的屠宰场所；

（四）有依法取得健康证明的牲畜屠宰人员；

（五）具备基本的卫生条件和污染防治设施；

（六）依法取得动物防疫条件合格证；

（七）法律、法规及强制性标准规定的其他条件。

第十四条　设立小型牲畜定点屠宰点，申请人应当向所在地县级人民政府提出含拟供应市场区域范围的申请，提交本条例第八条、第十三条规定条件的有关技术资料和说明文件。县级人民政府组织畜牧兽医、规划、环境保护等部门根据省人民政府批准的设置规划，依法进行审查并书面征求市、州人民政府畜牧兽医主管部门的意见，并应当自收到申请之日起20日内作出是否同意的书面决定。作出同意决定的，还应当明确其供应市场范围。

申请人凭县级人民政府同意的书面决定，依法办理相关手续后，方可开工建设。

第十五条　小型牲畜定点屠宰点建设完成后，申请人应当向所在地县级人民政府提出书面验收申请。县级人民政府应当自收到验收申请之日起15日内，组织畜牧兽医、规划、环境保护等部门按照本条例第八条、第十三条的规定进行验收；验收合格的，颁发小型牲畜定点屠宰点证书和标志牌，并报所在地市、州人民政府畜牧兽医主管部门备案。

第十六条　牲畜定点屠宰厂（场、点）名称、法定代表人、所有权、经营权等事项发生变更的，应当在办理工商变更登记15日内向作出定点决定的人民政府畜牧兽医主管部门备案。

第十七条　牲畜定点屠宰厂（场、点）歇业、停业超过30日的，应当提前10日向当地县级人民政府畜牧兽医主管部门报告。

牲畜定点屠宰厂（场、点）歇业、停业超过180日的，当地县级人民政府畜牧兽医主管部门应当报请原作出同意定点决定的人民政府对其是否符合本条例规定的条件进行审查。

第十八条　牲畜定点屠宰厂（场、点）不再具备法定条件的，由县级以上人民政府畜牧兽医主管部门责令停止屠宰活动，限期整改；逾期未改正或者经整改后仍不合格的，由原作出同意定点决定的人民政府取消其定点资格，并及时向社会公布。

第十九条　牲畜定点屠宰厂（场）按照其规模、生产和技术条件以及质量安全管理状况，实行分级管理制度。分级管理的具体办法按照国家和省有关规定执行。

省人民政府畜牧兽医主管部门应当及时向社会公布牲畜定点屠宰厂（场）等级认定名单。

第三章　屠宰与检疫检验

第二十条　牲畜屠宰的检疫、卫生检验及其监督依照动物防疫法、食品安全法及国家有关规定执行。

第二十一条　牲畜定点屠宰厂（场、点）应当建立牲畜屠宰和肉品品质检验管理制度，并在屠宰车间明示牲畜屠宰操作工艺流程图、屠宰同步检疫、肉品品质检验工序位置图。

第二十二条　牲畜定点屠宰厂（场、点）应当按照国家规定的操作规程和技术要求屠宰牲畜。

第二十三条　未经检疫合格的牲畜不得进入牲畜定点屠宰厂（场、点）；牲畜定点屠宰厂（场、点）屠宰的牲畜应当依法经动物卫生监督机构检疫合格并附有检疫证明。

动物卫生监督机构应当在检疫合格的牲畜胴体上加盖检疫

合格验讫印章，凡检疫不合格的畜类产品不得出厂（场、点）。

动物卫生监督机构应当在牲畜定点屠宰厂（场、点）派驻检疫人员进行牲畜屠宰检疫。牲畜定点屠宰厂（场、点）应当提供检疫场所。

第二十四条　牲畜定点屠宰厂（场、点）应当按照国家肉品品质检验规程和标准进行肉品品质检验，并遵守下列规定：

（一）肉品品质检验应当与屠宰同步进行，同步检验应当设置同步检验装置或者采用头、蹄、胴体与内脏统一编号对照的方法进行，并按照本条例第二十七条规定的检验内容实施检验；

（二）肉品品质检验合格的畜类产品，应当出具肉品品质检验合格证，牲畜胴体或者片鲜肉还应当加盖肉品品质检验合格验讫印章；

（三）肉品品质检验不合格的畜类产品，应当在肉品品质检验人员的监督下，按照国家有关规定处理。

未经肉品品质检验或者经肉品品质检验不合格的畜类产品，不得出厂（场、点）。

第二十五条　禁止任何单位或者个人从事下列活动：

（一）对牲畜或者畜类产品注水或者注入其他物质；

（二）屠宰病死、毒死、死因不明、注水或者注入其他物质的牲畜；

（三）为对牲畜或者畜类产品注水或者注入其他物质的单位或者个人提供场所；

（四）为未获得牲畜屠宰定点资格的单位或者个人提供屠宰场所或者屠宰产品储存设施。

第二十六条 牲畜定点屠宰厂（场、点）对检疫检验发现的病害牲畜及畜类产品应当在驻场检疫人员的监督下按照国家有关规定进行无害化处理，相关费用及损失按照国家规定予以补贴。

第二十七条 牲畜肉品品质检验的主要内容包括：

（一）有无传染性疾病和寄生虫病以外的疾病；

（二）是否摘除有害腺体；

（三）是否注水或者注入其他物质；

（四）有害物质是否超过国家规定的标准；

（五）屠宰加工质量是否符合国家要求，是否为白肌肉（PSE 肉）或者黑干肉（DFD 肉）以及种畜、晚阉畜；

（六）国家规定的其他检验项目。

第四章 产品经营与管理

第二十八条 牲畜定点屠宰厂（场、点）应当将依法取得的定点屠宰标志牌挂于厂（场、点）区的显著位置，并建立牲畜定点屠宰证、章、标志牌的使用管理制度。

牲畜定点屠宰厂（场、点）不得出租、出借或者以其他形式转让牲畜定点屠宰证书、牲畜定点屠宰标志牌。任何单位不得冒用或者使用伪造的牲畜定点屠宰证书和牲畜定点屠宰标志牌。

第二十九条 牲畜定点屠宰厂（场、点）应当建立质量追溯制度，如实记录牲畜进厂（场、点）时间、数量、产地、供货者、屠宰与检验信息、处理情况及出厂时间、品种、数量和流向。记录保存不得少于二年。

第三十条 从事畜类产品销售、肉食品生产加工的单位和个人以及餐饮服务经营者、集体伙食单位销售、使用的畜类产品，应当是牲畜定点屠宰厂（场、点）屠宰、经检疫和肉品品质检验合格的畜类产品，并登记其来源。登记记录保留期限不得少于二年。

销售未分割的牲畜胴体或者片鲜肉，应当具有动物产品检疫合格证、章和肉品品质检验合格证、章。

销售分割包装未经熟制的肉品，应当具有动物产品检疫合格标志和肉品品质检验合格证。

销售种畜、晚阉畜产品，销售者应当在销售场所以明示的方式告知消费者。

第三十一条 运输畜类产品，除符合动物防疫法相关规定外，还应当遵守下列规定：

（一）使用专用的密闭运载工具；

（二）牲畜胴体或者片鲜肉应当吊挂运输；

（三）牲畜分割产品应当使用专用容器或者专用包装；

（四）运输有温度要求的畜类产品应当使用相应的低温运输工具。

第三十二条 牲畜定点屠宰厂（场、点）对经检疫检验合格未能及时出厂（场、点）的畜类产品，应当采取冷冻或者冷藏等必要措施予以储存。

第三十三条 牲畜定点屠宰厂（场、点）应当建立产品召回制度，出现其产品不安全时，应当立即停止生产并向当地县级以上人民政府畜牧兽医主管部门报告，在畜牧兽医主管部门的监督指导下向社会公布有关信息，通知销售者停止销售，告知消费者停止使用，召回已经上市销售的产品，采取无害化处理措施处理召回产品，防止该产品再次流入市场。

第三十四条 牲畜定点屠宰厂（场、点）应当在牲畜寄存、畜类产品运输等方面为牲畜屠宰的单位和个人提供方便服务。

鼓励支持牲畜定点屠宰厂（场、点）开展屠宰、加工、配送、销售一体化经营。

第三十五条 牲畜定点屠宰厂（场、点）提供代宰服务时收取服务费的，应当按照省价格行政主管部门会同畜牧兽医主管部门确定的收费标准执行。

第三十六条 牲畜定点屠宰厂（场、点）应当建立信息报送制度，按照国家有关屠宰统计报表制度的要求，及时报送屠宰、销售等相关信息。

第五章 监督管理

第三十七条 省人民政府畜牧兽医主管部门负责组织对牲畜屠宰行政执法、监督及肉品品质检验人员的培训、考核等管理工作；按照国家规定的编码规则、格式和制作要求，对全省范围内的牲畜定点屠宰证、章、标志牌进行统一编码。

第三十八条 市、州和县级人民政府畜牧兽医主管部门具体负责牲畜定点屠宰证（章）和标志牌、肉品品质检验合格验讫印章、无害化处理印章的管理，并对具有定点屠宰证书的牲畜定点厂（场、点）予以公布。

第三十九条 市、州和县级人民政府畜牧兽医主管部门应当确定专门机构和专门人员负责牲畜屠宰监督管理工作，加强对牲畜屠宰活动的日常监督管理，根据工作需要派出驻厂（场、点）监督员对牲畜屠宰活动进行现场监督。

第四十条　县级以上人民政府畜牧兽医主管部门依法对牲畜屠宰活动进行监督检查，可以采取下列措施：

（一）进入牲畜屠宰等有关场所实施现场检查；

（二）向有关单位和个人了解情况；

（三）查阅、复制有关记录、票据以及其他资料；

（四）查封与违法牲畜屠宰活动有关的场所、设施，扣押与违法牲畜屠宰活动有关的牲畜、畜类产品以及屠宰工具和设备。

畜牧兽医主管部门进行监督检查时执法人员不得少于2人，并应当出示执法证件。执法人员采取查封扣押措施时，应当经畜牧兽医主管部门负责人批准。

被检查的单位和个人应当给予支持和配合，不得以威胁、暴力等方式拒绝或者阻碍监督检查。

第四十一条　县级以上人民政府畜牧兽医主管部门应当建立举报制度，公布举报电话、通信地址或者电子邮箱，受理对违反本条例规定行为的举报，及时依法处理，并为举报人保密。

第六章　法律责任

第四十二条　未按照本条例规定取得定点资格擅自设立和修建、改建、扩建牲畜屠宰厂（场、点）的，县（区、市）动物卫生监督机构应当予以制止，可以处以10万元以上20万元以下罚款。

第四十三条 未经定点从事牲畜屠宰活动的，由县（区、市）动物卫生监督机构予以取缔，没收牲畜、畜类产品、屠宰工具和设备以及违法所得，并处以货值金额3倍以上5倍以下罚款；货值金额难以确定的，对单位并处以10万元以上20万元以下罚款，对个人并处以5000元以上1万元以下罚款。

冒用或者使用伪造的牲畜定点屠宰证书或者牲畜定点屠宰标志牌从事牲畜屠宰活动的，依照前款规定处罚。

牲畜定点屠宰厂（场、点）出借、转让牲畜定点屠宰证书或者牲畜定点屠宰标志牌的，由发证机关取消其牲畜定点屠宰厂（场、点）资格，由县（区、市）动物卫生监督机构没收违法所得。

第四十四条 牲畜定点屠宰厂（场、点）有下列情形之一的，由县级以上人民政府畜牧兽医主管部门责令改正，可以处以1万元以下罚款：

（一）未按照要求及时报送屠宰、销售等相关信息的；

（二）未按照本条例第十六条规定向畜牧兽医主管部门备案的。

第四十五条 牲畜定点屠宰厂（场、点）有下列情形之一的，由县（区、市）动物卫生监督机构责令限期改正，处以2万元以上5万元以下罚款；逾期不改正的，责令停业整顿，对主要负责人处以5000元以上1万元以下罚款：

（一）屠宰牲畜不符合国家规定的操作规程和技术要求的；

（二）未如实记录屠宰的牲畜来源和畜类产品流向的；

（三）未建立或者实施肉品品质检验制度的；

（四）对肉品品质检验不合格的牲畜产品未按照国家有关

规定处理并如实记录处理情况的；

（五）不符合本条例第三十一条规定的。

第四十六条 牲畜定点屠宰厂（场、点）出厂（场、点）未经肉品品质检验或者肉品品质检验不合格的畜类产品的，由县（区、市）动物卫生监督机构责令停业整顿，没收畜类产品和违法所得，并处以货值金额1倍以上3倍以下罚款，对主要负责人处以1万元以上2万元以下罚款；货值金额难以确定的，并处以5万元以上10万元以下罚款；造成严重后果的，由发证机关取消其牲畜定点屠宰厂（场、点）资格。

第四十七条 对牲畜或者畜类产品注水或者注入其他物质的，由县（区、市）动物卫生监督机构没收注水或者注入其他物质的牲畜、畜类产品、注水工具和设备以及违法所得，并处以货值金额3倍以上5倍以下罚款，对牲畜定点屠宰厂（场、点）或者其他单位的主要负责人处以1万元以上2万元以下罚款；货值金额难以确定的，对牲畜定点屠宰厂（场、点）或者其他单位并处以5万元以上10万元以下罚款，对个人并处以1万元以上2万元以下罚款。

牲畜定点屠宰厂（场、点）对牲畜或者畜类产品注水或者注入其他物质的，除依照前款规定处罚外，还应当由县（区、市）动物卫生监督机构责令停业整顿；造成严重后果或者两次以上对牲畜、畜类产品注水或者注入其他物质的，由发证机关取消其牲畜定点屠宰厂（场、点）资格。

第四十八条 牲畜定点屠宰厂（场、点）屠宰病死、毒死、死因不明、注水或者注入其他物质牲畜的，由县（区、市）动物卫生监督机构责令改正，没收注水或者注入其他物质的牲畜、畜类产品以及违法所得，并处以货值金额1倍以上3倍以下罚款，对主要负责人处以1万元以上2万元以下罚款；货值金额难以确定的，并处以2万元以上5万元以下罚款；拒不改正的，责令停业整顿；造成严重后果的，由发证机关取消其牲畜定点屠宰厂（场、点）资格。

第四十九条 为对牲畜或者畜类产品注水或者注入其他物质的单位或者个人提供场所以及为未经定点违法从事牲畜屠宰活动的单位或者个人提供屠宰场所或者产品储存设施的，由县（区、市）动物卫生监督机构责令改正，没收违法所得，对单位并处以2万元以上5万元以下罚款，对个人并处以5000元以上1万元以下罚款。

第五十条 下列行为由工商、卫生、食品药品监督管理和质量技术监督部门根据各自职责，没收尚未销售、使用的相关畜类产品以及违法所得；货值金额不足1万元的，并处以2000元以上5万元以下罚款；货值金额1万元以上的，并处以货值金额5倍以上10倍以下罚款，货值金额难以确定的，对单位处以5万元以上10万元以下罚款，对个人处以1万元以上2万元以下罚款：

（一）从事畜类产品销售、肉食品生产加工的单位和个人以及餐饮服务经营者、集体伙食单位，销售、使用非牲畜定点屠宰厂（场、点）屠宰的畜类产品的；

（二）销售未分割的牲畜胴体或者片鲜肉无动物产品检疫合格证、章和肉品品质检验合格证、章的；

（三）销售分割包装未经熟制的肉品无动物产品检疫合格标志和肉品品质检验合格证的；

（四）销售种畜、晚阉畜产品，销售者未在销售场所以明示的方式告知消费者的。

第五十一条 小型牲畜定点屠宰点超出限定区域销售畜类产品的，由县（区、市）动物卫生监督机构责令改正，可以处以3000元以上1万元以下罚款；情节严重的，处以1万元以上3万元以下罚款。

其他单位和个人超出限定区域销售小型牲畜定点屠宰点的畜类产品的，由县级以上工商部门责令改正，可以处以3000元以上1万元以下罚款；情节严重的，处以1万元以上3万元以下罚款。

第五十二条 牲畜定点屠宰厂（场、点）有下列情形之一的，由县（区、市）动物卫生监督机构责令改正，可以处以1万元以上3万元以下罚款：

（一）从事肉品品质检验的人员未经考核合格上岗的；

（二）屠宰技术人员未持有县级以上医疗机构开具的健康证明上岗的。

第五十三条 违反本条例规定的其他行为，法律、法规另有规定的，从其规定。

第五十四条 畜牧兽医、环境保护、卫生、食品药品监督管理、工商、质量技术监督和其他有关部门工作人员在牲畜屠宰监督管理工作中滥用职权、玩忽职守、徇私舞弊的，依法给予行政处分。

动物卫生监督机构及其工作人员违反《中华人民共和国动物防疫法》和本条例规定，对未经现场检疫或者检疫不合格的牲畜、畜类产品出具检疫证明、加施检疫标志，由本级人民政府或者畜牧兽医主管部门责令改正，通报批评；对直接负责的主管人员和其他直接责任人员依法给予处分。

第五十五条 以暴力、威胁方式阻碍畜牧兽医主管部门工作人员或者其他行政执法人员依法执行公务，尚不构成犯罪的，由公安机关依法进行治安处罚。

第七章 附 则

第五十六条 本条例所称牲畜包括：猪、牛、羊；畜类产品包括：牲畜屠宰后未经加工的胴体、肉、脂、脏器、血液、骨、头、蹄、皮等。

第五十七条 本条例施行前依法设立的生猪定点屠宰厂（场），拟屠宰生猪以外牲畜的，可以自本条例施行之日起180日内向市、州人民政府申请换发牲畜定点标志牌和牲畜定点屠宰证书。市、州人民政府应当自受理申请之日起30日内审查其屠宰能力以及是否符合设置规划，作出是否换发牲畜定点标志牌和牲畜定点屠宰证书的书面决定。

第五十八条 少数民族食用牲畜的定点屠宰活动，应当尊重少数民族的特点和习俗，按照国家和省的有关规定执行。

第五十九条 省人民政府根据各市、州具体情况确定鸡、鸭、鹅等禽类及其他畜类实行定点屠宰的，其监督管理工作参照本条例执行。

第六十条 本条例自2012年1月1日起施行。

中央储备肉管理办法

中华人民共和国商务部

中华人民共和国财政部令
2007 年第 9 号

《中央储备肉管理办法》已经 2006 年 12 月 20 日商务部第 10 次部务会议审议通过,并经财政部同意,现予公布,自 2007 年 9 月 15 日起施行。

中华人民共和国商务部
中华人民共和国财政部
二〇〇七年八月十三日

第一章 总 则

第一条 为了加强中央储备肉(以下简称储备肉)管

理，确保储备肉数量真实、质量合格和储存安全，做到储得进、管得好、调得动、用得上，有效发挥其作用，制定本办法。

第二条 本办法所称储备肉，是指国家用于应对重大自然灾害、公共卫生事件、动物疫情或者其他突发事件引发市场异常波动和市场调控而储备的肉类产品，包括储备活畜（含活猪、活牛、活羊，下同）和储备冻肉（含冻猪肉、冻牛肉、冻羊肉，下同）。

第三条 储备肉实行常年储备、定期轮换制度。

第四条 从事储备肉管理、监督、储存、加工等活动的单位和个人，适用本办法。

第二章 职责分工

第五条 商务部负责储备肉的行政管理，审定储备肉区域布局及代储企业、储存库、活畜储备基地场（统称承储单位）和加工企业的资质，对储备肉数量、质量和储存安全实施监督检查；负责储备肉财政补贴的预算编制和资金的申领。

第六条 财政部负责储备肉财政财务管理，安排和管理储备肉财政补贴资金，会同财政部驻各地财政监察专员办事处（以下简称专员办）监督检查有关财务秩序和财政补贴资金使用情况等。

第七条 中国农业发展银行负责按照国家有关信贷政策和储备肉计划安排储备肉贷款，对储备肉贷款实施信贷监管，确保资金安全。

第八条 商务部委托的操作单位按照本办法的有关规定组织实施储备肉入储、加工、更新轮换及动用工作,负责储备肉日常管理和台账系统的建设、运行与维护,及时上报储备肉业务、财务报表和报告,并提出储备肉计划安排建议。

第九条 商务部委托的质检单位按照国家有关规定和卫生质量安全标准组织实施储备肉公证检验和全程卫生质量安全监控工作,出具公证检验报告,并对检验结果负责,确保检验结果真实、准确。

第十条 承储单位负责储备肉在库(栏)管理工作,接受有关部门和单位监督;严格执行储备肉计划等有关管理规定,及时报送储备信息业务、财务报表和报告;在规定的保管期限内确保储备肉数量真实、质量合格及储存安全,及时办理储备肉财政补贴申领等有关事项。

第十一条 有关省、自治区、直辖市、计划单列市及新疆生产建设兵团商务主管部门应支持和配合储备肉管理工作,按有关要求择优推荐承储单位和加工企业,督促承储单位和加工企业及时落实储备肉计划。

第三章 资质管理

第十二条 商务部对承储单位和加工企业实行资质审定和动态管理制度。

第十三条 代储企业应具备下列条件:具有独立法人资格的肉类行业企业;具有符合国家有关标准和技术规范要求的全

资储存冷库、活畜储备基地场（以下简称基地场），或持有储存冷库、基地场所在企业5%以上股份；地方代储企业与基地场（分公司除外）必须在同一省（自治区、直辖市）；具有组织、管理基地场的能力及稳定的销售网络，能够承担储备肉的安全责任；自身及基地场财务状况良好，具有较好的商业信誉、较强的抗风险能力和健全的财务管理制度，资产负债率低于70%。

储存冷库应符合中央储备冻肉储存冷库有关资质标准。牛羊肉储存冷库应是经国家有关部门批准确认的清真库。冷库储存能力在3000吨以上。

基地场应符合中央储备肉活畜储备基地场有关资质标准。

第十四条 储备冻肉加工企业应具备下列条件：冻猪肉加工企业应依法取得生猪定点屠宰加工企业资格，具备《生猪屠宰加工企业资质等级要求》（SB/T10396-2005）规定的四星级以上（含四星级）的资质条件，产品质量应符合《分割鲜、冻猪瘦肉》（GB9959.2-2001）要求；冻牛、羊肉加工企业应符合《畜类屠宰加工通用技术条件》（GB/T17237-1998）及《牛羊屠宰产品品质检验规程》（GB18393-2001）的要求，冻牛肉产品质量符合《鲜、冻分割牛肉》（GB/T17238-1998），冻羊肉产品质量符合《鲜、冻胴体羊肉》（GB9961-2001）。

第十五条 具备第十三条、第十四条规定条件的中央企业（由国务院国有资产监督管理委员会履行出资人职责的国有及国有控股企业）和加工企业直接向商务部申请审定承储或加工资质。其他企业通过当地商务主管部门逐级向上申请审定承储资质。

第十六条　商务部会同有关部门和单位，依照本办法规定对申报承储单位和加工企业进行资质审定，公布取得资质的承储单位和加工企业名单。

第四章　入储管理

第十七条　商务部根据布局合理、成本和费用节省、便于集中管理和监督的原则，选择储备肉承储单位和加工企业。

第十八条　根据储备肉储存规模、品种结构和市场调控工作需要，商务部会同财政部和中国农业发展银行向操作单位、有关省、自治区、直辖市、计划单列市及新疆生产建设兵团商务主管部门下达储备肉入储计划，并抄送财政部驻有关省（自治区、直辖市、计划单列市）专员办、质检单位和承储单位。

第十九条　储备冻肉加工和入库原则上实行招标采购办法和送货到库制，采购上限价由商务部、财政部确定，操作单位负责组织实施。

第二十条　储备活畜每吨分别按活猪20头、活牛6头、活羊60只折算。储备存栏活畜体重，活猪在60公斤以上，活牛在400公斤以上、活羊在20公斤以上。

第二十一条　承储单位根据储备肉入储计划向操作单位提供银行出具的担保证明，或以资产抵押，或缴纳保证金。储备冻肉资产抵押或保证金标准为入库成本的1%，储备活猪、活牛、活羊资产抵押或保证金标准，每头分别为40元、130元、13元和10元、30元、3元。

第二十二条 操作单位根据储备肉入储计划与承储单位签订合同，明确双方的权利、义务和责任等事项。自合同签订之日起 15 个工作日内办妥资产抵押、担保手续或足额交付保证金，并按计划入储。

第二十三条 操作单位和承储单位应按时落实储备肉入储计划。储备冻肉入库数与入储计划的差异不得超过 1%。未经商务部、财政部同意，不得调整更改计划或拒绝、拖延执行。操作单位应及时将储备肉入储计划执行情况报商务部、财政部，并抄送中国农业发展银行。

第二十四条 因承储单位没能按照规定完成储备计划需进行规模内调整计划的，由商务部会同财政部调减或取消其储备计划；因突发事件等特殊情况需超规模紧急收购储备肉的，由商务部会同财政部视情况按有关规定执行。

第五章　在库（栏）管理

第二十五条 储备肉实行专仓（专垛）或专栏储存、专人管理、专账记载和挂牌明示，确保账账相符、账实相符、质量良好和储存安全。

第二十六条 承储单位不得擅自动用储备肉，不得虚报储备肉数量，不得自行变更储备冻肉堆码库、垛位和活畜饲养专栏。

第二十七条 在库（栏）储备肉由北京市专员办监督操作单位通过招标方式统一办理财产保险。

第二十八条 任何单位、企业和个人不得以储备肉对外进行质押、担保或者清偿债务。承储单位进入撤销、解散或者破产程序时，应立即书面告知操作单位，操作单位应及时报告商务部。

第二十九条 操作单位和承储单位依照本办法及国家有关规定，建立健全内部各项管理制度，严格在库（栏）管理。承储单位应加强储备肉日常管理，发现问题，及时报告操作单位，操作单位应提出处理意见并及时报告商务部、财政部。

第六章 轮换管理

第三十条 承储单位应在规定的时间内完成储备肉轮换。冻猪肉原则上每年储备3轮，每轮储存4个月左右。冻牛、羊肉原则上不轮换，每轮储存8个月左右。活畜原则上每年储备3轮，每轮储存4个月左右。

第三十一条 储备冻猪肉由操作单位按计划组织承储单位及时轮换。储备活畜应根据育肥情况适时轮换。

第三十二条 储备肉轮出后，承储单位应按计划及时、同品种、保质、等量轮入。特殊情况不能按时轮入的，须报商务部、财政部批准同意，否则按擅自动用储备肉处理。

第三十三条 操作单位应对承储单位的轮换情况进行督促和检查，并将有关情况报商务部、财政部，抄送中国农业发展银行、所在地专员办。

第七章 出库（栏）和动用管理

第三十四条 操作单位根据储备肉出库（栏）计划，组织承储单位按时出库（栏）。

第三十五条　储备冻肉出库采取公开竞卖、就地销售或者商务部和财政部批准的其他方式进行。公开竞卖底价由商务部商财政部确定，操作单位组织实施，实行到库提货制；就地销售按结算价格对承储单位包干，由其自行销售。结算价格原则上由当地专员办参照当地市场批发价格和品质差价核定。

第三十六条　储备活畜出栏由承储单位根据计划自行组织。

第三十七条　出现下列情况之一时，商务部提出动用储备肉计划，商财政部后及时下达动用品种、数量、价格和使用安排：

（一）发生重大自然灾害、事故灾难、突发公共卫生事件和突发社会安全事件等其他突发事件；

（二）全国或者部分地区肉类市场出现异常波动；

（三）其他需要动用的情形。

第三十八条　动用储备活畜的结算价格，原则上按基地场所在省级行政区域平均饲养成本确定。动用储备冻肉的结算价格，参照入库成本、品质差价随行就市，并经当地专员办核定。

第三十九条　操作单位应及时落实储备肉动用计划，并将执行情况上报商务部、财政部，并抄送中国农业发展银行和所在地专员办。任何单位、企业和个人不得拒绝执行或者擅自改变储备肉动用计划。

第八章 质量管理

第四十条 储备肉应符合国家有关卫生质量安全标准。储备冻肉应在入库前30天内生产。

第四十一条 质检单位应在收到商务部委托检验通知后，依据国家储备肉质量公检有关规定在储备活畜出栏前完成公证检验；依据国家储备冻肉质量公检有关规定在储备冻肉入库时进行公证检验。

第四十二条 质检单位应向承储单位出具检验报告书；同时，将储备肉公证检验结果报告商务部，抄送财政部。商务部应对储备肉质量情况进行抽查。

第四十三条 承储单位如对公证检验结果有异议，应在7个工作日内向商务部反映，商务部按有关规定进行处理。

第九章 监督检查

第四十四条 商务部建立储备肉监测系统，对承储单位的基本情况、储备肉动态管理信息和活畜及其产品、饲养原料市场信息进行管理监控。操作单位、承储单位应建立计算机储备肉台账，按有关规定通过台账系统及时向商务部、财政部、操作单位和所在地专员办报送有关信息。

第四十五条 建立储备肉月份统计报表制度。操作单位应在每月后的5个工作日内编制《中央储备肉进销存月份统计报表》，及时报送商务部、财政部、中国农业发展银行，并抄送所在地专员办。

第四十六条 商务部、财政部按照各自职责,对储备肉管理进行监督检查。

第四十七条 中国农业发展银行应按照信贷政策有关规定,加强对储备肉贷款的信贷监管,并将监管情况通报商务部、财政部,抄送操作单位。

第四十八条 专员办对承储单位执行储备肉收储、轮换、动用、管理等情况进行检查,并将检查情况上报财政部,抄报商务部、中国农业发展银行。

第四十九条 操作单位应对承储单位执行储备肉计划等情况进行检查,发现问题及时解决,重大问题应报请商务部、财政部处理。

第五十条 承储单位对商务部、财政部及专员办、中国农业发展银行和操作单位的监督检查,应予以配合,不得拒绝、阻挠。

第十章 罚 则

第五十一条 国家机关工作人员或企业工作人员违反本办法的规定,应依照《中华人民共和国公务员法》、《财政违法行为处罚处分条例》、《行政机关公务员处分条例》和《企业职工奖惩条例》等有关规定给予处理、处分。

第五十二条 操作单位和质检单位违反本办法的规定,由商务部商财政部给予警告,并责令其限期整改;情节严重的,扣拨其管理费和公证检验费补贴,直至取消其业务操作和公证检验单位资格。

第五十三条 加工企业和承储单位违反本办法的规定，由有关部门责成其限期改正，并按规定予以处理。其违法违纪所得由财政部或专员办按有关规定收缴。

第十一章　附　则

第五十四条 本办法由商务部、财政部负责解释。

第五十五条 本办法自2007年9月15日起施行。

附 录

国家储备肉操作管理办法

（1996年12月9日国内贸易部发布）

第一条 为加强国家储备肉管理，促进国家储备肉管理规范化，根据国务院有关规定制定本办法。

第二条 本办法适用于国家储备肉的管理部门、具体操作单位和承担国家储备肉任务的代加工和代储存企业。

第三条 国内贸易部负责国家储备肉的计划、调拨和管理事宜。部消费品流通司负责具体操作。

未经批准，任何单位和个人不得擅自动用国家储备肉。

第四条 根据国务院确定的国家储备肉规模、市场供应和商品资源情况，由省级商业主管部门提出书面报告（包括储备地点、储备数量等），由国内贸易部商有关部门编制储备计划后下达中国食品公司和有关省、自治区、直辖市、计划单列市贸易（商务）厅（局）。

第五条 国家储备肉定点生产厂和储存库，由国内贸易部按照交通方便、调度灵活、储存安全和便于出库更新等原则，在生猪主产区和大中城市条件较好的国有食品企业和肉联厂中确定，具体按《国家储备肉定点生产厂、储存库管理试行办法》（内贸消费字〔1995〕第176号）执行。

第六条　国家储备肉储存库的租赁、储备肉的购进、更新销售等业务，由国内贸易部委托中国食品公司具体操作，有关情况定期报告。

第七条　国家储备肉的入库价格由中国食品公司按照市场生猪和肉食价格水平，提出一定时期的入库价格建议，经国内贸易部商财政部核准后下达。中国食品公司据此与代储企业签订国家储备肉入库合同。

第八条　国家储备肉的在库管理由中国食品公司具体负责，并实行国家储备肉的定期检查制度，检查结果要及时报国内贸易部。国内贸易部将对国家储备肉操作情况不定期进行抽查。

第九条　国家储备肉实行定期更新制度，更新计划由国内贸易部编制下达，中国食品公司负责具体执行。中国食品公司要提前一个月将更新建议计划和价格上报，由国内贸易部商财政部确定后下达。更新出库的价格一经确定，代储企业必须严格执行，并在规定时间内偿还全部货款。国家储备肉更新后的补库由国内贸易部批准后实施。

第十条　经国务院批准，国内贸易部根据生猪产销情况和国家对市场宏观调控的需要，向中国食品公司下达的紧急调拨令，有关单位必须立即执行。

第十一条　中国食品公司根据国内贸易部向中国农业发展银行申请的国家储备肉贷款规模，具体承担国家储备肉的贷款和还款事宜。

第十二条 中国食品公司在每月 15 日前将上月《国家储备肉入库进度情况表》、《国家储备肉回款进度月报表》、《国家储备肉进销存表》报国内贸易部消费品流通司汇集审核后，报有关部门。

第十三条 中国食品公司要在计划执行季度后的 30 天内报告上季度国家储备肉的费用发生和收付情况，经国内贸易部审核后正式函报财政部，并同时申请下季度国家储备肉的储备费用。

国家储备肉的费用执行和拨付情况每年结算一次。

第十四条 有关国家储备肉的计划、统计等文件及报表均属国家机密，未经国内贸易部同意，不得向外提供。

第十五条 国家储备肉计划下达后，有关实施和操作单位不得自行更改。如因特殊原因确需调整的，必须报经计划下达的主管单位批准。

第十六条 要严格执行国家储备肉管理的有关方针、政策、制度、办法。对模范执行的单位和个人，给予表彰和奖励；对违法违纪行为，视情节轻重，分别予以批评、通报、行政处分，直至追究经济责任和法律责任。

第十七条 本办法由国内贸易部消费品流通司负责解释。

第十八条 本办法自发布之日起施行。

国家储备肉定点生产厂、储存库管理试行办法

内贸消费字〔1995〕第 176 号

(1995 年 11 月 6 日国内贸易部发布)

第一章 总 则

第一条 为加强国家储备肉生产加工和储存管理，确保国家储备肉质量，根据《食品卫生法》、《肉类加工厂卫生规范》(GB12694-90)、《冷库管理规范》，制定本办法。

第二条 本办法适用于生产加工、储存国家储备肉的肉联(食品加工、冷冻)厂、冷库。

第三条 任何单位和个人不得从非国家储备肉定点生产厂购进国家储备肉，不得安排非国家储备肉定点库储存国家储备肉。

第二章 选点原则

第四条 国家储备肉定点生产厂应当选择交通方便(一般应有铁路专用线)，水电充足，生猪屠宰能力 500 头以上，有充足猪源的肉联厂，原则上以产区为主。

第五条 国家储备肉储存库应选择交通运输方便(一般应有铁路专用线)，水电充足，易进易出，冷藏储存库容量

在3000吨以上的冷库,重点在大中城市销区及周边地区选择。

第六条 承担国家储备肉的定点生产厂、储存库必须具有良好的商业信誉,三年内未发生过重大责任事故的厂、库。

第三章 生产管理

第七条 承担国家储备肉加工的生产厂,要有与生产规模配套的活猪接收、检疫检验和待宰设施;设有病畜隔离圈和急宰间及其相应的设施;屠宰车间要分清洁、半清洁和非清洁区,具有完善的给排水条件,生产工艺不得交叉迂回;活猪自麻电、放血到白条肉成品的全部屠宰加工时间不得超过45分钟。

加工分割冻猪瘦肉的生产厂,要设有专门的符合国家标准的分割车间。

第八条 预冷间面积、冷风机配备和吊轨布置应满足班生产白条肉的预冷要求。结冻能力应当满足屠宰产品结冻要求;预冷间温度为0℃-5℃,墙、门应采取保温隔热措施,结冻间库温应为-25℃至23℃。

第四章 库房管理

第九条 国家储备肉必须实行专库储存、专人管理,在储备肉专库外均须挂"国家储备肉定点库"标牌(长50cm,宽30cm)。同时做到责任到人,职责明确,制度健全,管理科学。

第十条 冷库要实行科学堆垛,合理利用库容。库内肉品堆垛符合冷库管理规范要求，做到"三离两挂两留"（三离：码垛离墙、离地、离排管；两挂：每垛挂牌，库内挂温度计；两留：留过道，留操作空间）。每垛均须挂牌（规格为长35cm，20cm），注明片（箱）数、重量、品种、等级、生产厂家、加工日期、入库时间。

第十一条 储备库须做到库温稳定，必须保持在-18℃以下。在正常情况下，一昼夜温度升降幅度不超过1℃，在肉品进出库过程中，库温升温幅度不得超过4℃。

第十二条 国家储备肉出库（更新），必须服从国内贸易部统一安排。国家储备肉定点储备库接到国内贸易部出库（更新）通知单后，具体实施。

第五章 储备肉质量管理

第十三条 国家储备肉定点生产厂，所生产的冻白条肉质量须符合GB9959.1-88〔带皮鲜、冻片猪肉〕国家标准（增加不带板油）；分割冻猪瘦肉须符合GB9959.4-88〔分割冻猪瘦肉〕国家标准二级。

第十四条 加工厂质量检验机构完善，实行主任兽医师质量负责制，并有与生产规模相适应有一定数量的、获得卫检师合格证的卫检人员。

第十五条 应检工序齐全，检验方法应当符合农业部、卫生部、外贸部、商业部的《肉品卫生检验试行规程》和其他有关规定，规格分级正确。

第十六条 加工厂应当具备与生产品种、规模相适应的检验设施，完善的仪器设备；旋毛虫检验和肉品化验室设备要符合有关规定。

第十七条 肉品检验后,应当按《肉品卫生检验试行规程》中有关规定处理产品,并有相应处理设施和监督检查制度。

第十八条 检验人员要符合《兽医卫生技术(检疫、检验、化验)业务技术等级标准》规定的三级以上标准。

第十九条 承担国家储备肉任务的冷库,必须设专职的卫检人员对入库的商品进行严格的验收,查验随车检疫证明,查验车内卫生及肉表卫生,测试车内温度和肉品温度。肉品中心温度高于-8℃时不得直接进入冷藏库。

第六章 申报审批程序

第二十条 凡符合储备肉生产厂、储存库基本条件的企业,均可向省级商业(贸易)行政主管部门提出申请,经审查符合条件,由各省提出推荐意见,报国内贸易部。

第二十一条 国内贸易部对符合承担国家储备肉生产及储存条件的肉联厂、冷库,结合国家储备肉任务及布点规划,进行审批。批准后,由国内贸易部发给国家储备肉定点生产厂、储存库合格证书,准予挂"国家储备肉定点生产厂"、"国家储备肉定点库"标牌,并予以公布。

第二十二条 经批准后的生产厂及储存库必须按国家有关规定和标准,保质保量地完成国家储备肉的加工和储存任务。国内贸易部每年按定点生产厂和储存库基本条件组织复查。复查合格的,保留定点生产厂、储备库资格;复查不合格的,则取消储备肉定点生产厂、储存库资格,并予以通报,今后不再安排国家储备肉加工和储存任务。

第七章 附 则

第二十三条 本办法由国内贸易部消费品流通司负责解释。

第二十四条 本办法自发布之日起施行。

榆林市人民政府办公室关于进一步规范冷鲜肉经营行为的实施意见

榆政办发〔2012〕92号

各县区人民政府,市政府各工作部门、直属机构:

近几年来,随着群众消费水平提高和消费习惯的改变,冷鲜肉大量进入了我市肉食品流通市场,零售网点逐渐增加,极大地方便了群众的日常生活。但在部分销售网点存在着经营手续不齐全,经营行为不规范,有的甚至脱离冷链环节在集贸市场摆案销售,给肉食品安全造成较大隐患。为了加强对冷鲜肉产品的管理,规范市场流通秩序,保证进入市场冷鲜肉的产品质量安全,保障人民身体健康,根据《中华人民共和国食品安全法》、国务院《生猪屠宰管理条例》、商务部《流通领域食品安全管理办法》、《陕西省牲畜屠宰管理条例》等法律法规规定,结合我市实际,现就规范我市冷鲜肉经营行为提出如下实施意见。

一、指导思想

食品安全问题关系人民群众健康和生命安全,关系到社会安定,已经成为全社会关注的焦点。加强肉类食品安全工作已成为广大人民群众的迫切需要,各县区要以对人民群众身体健康和生命安全高度负责的态度,严格依法履行监管职责,确保肉食品质量安全。

二、工作职责

市、县区人民政府商务主管部门（以下简称商务主管部门）负责本行政区域内流通领域市场冷鲜肉产品准入安全的监督管理。负责本行政区域内生猪定点屠宰活动的监督管理。

畜牧、工商、质监、卫生、药监等部门依照有关法律、法规的规定，在各自的职责范围内，做好流通领域冷鲜肉产品安全的监督管理工作。

三、实行冷鲜肉市场准入制度

（一）冷鲜肉产品是指：猪、牛、羊、鸡等畜禽经过定点屠宰，检验检疫合格后，低温贮藏、进入我市销售的肉品。包括未经加工的胴体、肉、脂、脏器、血液、骨、头、蹄、皮。

（二）凡冷鲜肉产品经销单位和个人，必须向所在地商务主管部门提供以下备案登记材料：

1. 冷鲜肉生产企业定点屠宰许可证、省级资质认定文件证明材料（原件）。冷鲜肉生产企业必须是经当地市人民政府批准，符合国务院《生猪屠宰管理条例》要求、依据《生猪屠宰企业资质等级要求》标准取得 A 序列编码，经审核换证合格并经当地省级商务主管部门备案、具备省外销售认定资质的生猪定点屠宰企业。

2. 冷鲜肉生产企业工商营业执照、动物防疫合格证、卫生许可证、食品流通许可证（年审有效证件）。

3. 冷鲜肉生产企业区域销售授权证明，国家认证的安全无公害肉品的认证文件（原件）。

（三）冷鲜肉产品生产经营者应当依照法律、法规和现行食用农产品质量安全标准、食品卫生标准、食品质量标准和有关冷鲜肉产品的行业标准从事经营活动,对社会和公众负责,保证食品安全,接受社会监督,承担社会责任。

(四)冷鲜肉产品的生产、经营、加工、贮藏、运输、装卸等活动,生产经营的场所、生产经营设备或者设施、工具、冷藏库温条件和冷鲜肉产品的包装等应当符合《中华人民共和国食品安全法》、《中华人民共和国动物防疫法》、《生猪屠宰管理条例》及《陕西省牲畜屠宰管理条例》规定的食品安全和动物防疫的要求。

(五)禁止生产经营下列冷鲜肉产品:

1. 致病性微生物、农药残留、兽药残留、重金属、污染物质以及其他危害人体健康的物质含量超过食品安全标准限量的冷鲜肉产品;

2. 腐败变质、油脂酸败、霉变生虫、污秽不洁、混有异物、掺假掺杂或者感官性状异常的食品;

3. 病死、毒死或者死因不明的生猪肉类及其制品;

4. 未经动物卫生监督机构检疫或者检疫不合格的肉类,或者未经检验或者检验不合格的肉类制品;

5. 被包装材料、容器、运输工具等污染的肉产品;

6. 超过保质期的肉产品;

7. 其他不符合食品安全标准或者要求以及动物防疫规定的肉产品。

(六)冷鲜肉产品应当随货附有产品检疫证明及肉品品质检验合格证明等相关证件备查。

(七)市场应当建立以下管理制度:

1. 协议准入制度。市场应与入市经销商签订冷鲜肉产品安全保证协议,明确冷鲜肉产品经营的安全责任。鼓励市场与冷鲜肉产品生产基地、食品加工厂、定点屠宰场"场地挂钩"、"场厂挂钩",建立直供关系。

2. 经销商管理制度。市场应当建立经销商管理档案,详实、动态记录经销商身份信息、联系方式、经营产品和信用记录等基本信息。经销商退出市场后,其档案应至少保存二年,禁止伪造经销商档案。

3. 索证索票制度。市场应当对入市经营的冷鲜肉产品实行索证索票,依法查验冷鲜肉产品供货者的许可证和冷鲜肉产品合格、安全的有效证明文件,留存相关票证文件的复印件备查。

4. 购销台帐制度。市场应当建立或要求经销商建立购销台帐制度,如实记录冷鲜肉产品的生产者、品名、进货时间、产地来源、规格、质量等级、数量等内容;从事批发业务的,还要记录销售的对象、联系方式、时间、规格、数量等内容。

5. 食品进货查验记录制度。冷鲜肉产品经营企业应当建立食品进货查验记录制度,如实记录冷鲜肉产品的名称、规格、数量、生产批号、保质期、供货者名称及联系方式、进货日期等内容。食品进货查验记录应当真实,保存期限不得少于二年。

6. 不合格食品退市制度。对国家公布的不合格冷鲜肉产品,市场应当立即停止销售。发现在市场销售的冷鲜肉产品存在安全隐患,经具有法定资质的检测机构确认,市场应当立即停止销售。

（八）冷鲜肉产品生产经营企业应当建立健全本单位的食品安全管理制度，加强对职工食品安全知识的培训和从业人员健康管理，冷鲜肉经营从业人员应当取得健康证明后方可从事经营活动。

（九）冷鲜肉产品只能在符合冷鲜肉销售条件的固定场所销售，并存放在冷鲜肉销售专柜中销售，严禁将冷鲜肉批发给肉商到市场再销售。冷鲜肉在运输和销售过程中必须始终保持0-4摄氏度低温状态。

四、加强市场管理，规范冷鲜肉经营行为，保障肉品质量

（一）各县区商务主管部门要建立市场巡查制度，对市场关于冷鲜肉产品安全管理制度的建立和实施情况进行监督检查。

（二）各县区商务主管部门要检查冷鲜肉经销商是否具备冷鲜肉冷藏场所和专用运输车辆，每批次肉品必须是一畜两证，即肉品检疫合格证明和肉品品质检验合格证明。对于两证不齐全的肉品，视为不合格肉品，依法给予行政处罚。

（三）要求冷鲜肉经销商对于每批次肉品必须提供车辆运输、消毒、动物检疫和肉品品质检验等证明以及"瘦肉精"检测、违禁药物无残留等报告单。其发展的销售网点以及超市必须具备冷藏柜、展示柜等工具，冷鲜肉在运输和销售过程中必须始终保持0-4摄氏度低温状态。凡冷鲜肉销售时胴体温度超过4摄氏度的视为不合格冷鲜肉，对票据证明、报告单不全以及不合格肉品，商务、工商等部门要严格按照《食品安全法》的相关规定，依法予以处罚，并禁止其冷鲜肉销售。

（四）要求冷鲜肉经销店及超市要严格执行索证索票、购

销台帐和不合格肉品退市等制度。并应接受商务、工商等部门的监督检查，对制度未建立或不执行的，商务、工商等部门要依法予以处罚。

1. 食品生产者发现其生产的冷鲜肉产品不符合食品安全标准，应当立即停止生产，召回已经上市销售的冷鲜肉产品，并在商务、工商等部门的监督下就地销毁，记录在案。

2. 经营者发现其经营的冷鲜肉产品不符合食品安全标准，应当立即停止经营，通知相关生产经营者和消费者，并记录停止经营和通知情况。不合格肉品应该在商务、工商等部门监督下，就地销毁，记录在案。

3. 生产经营者未依照法律规定召回或者停止经营不符合食品安全标准的冷鲜肉产品的，商务、工商等部门依法责令其停止经营并对不合格肉产品就地销毁。

（五）冷鲜肉销售网店只能销售来源生猪定点屠宰厂（场），符合国家规定"三章两证"的冷鲜肉品。否则，商务、工商等部门依法予以处罚。

（六）冷鲜生猪产品只能在符合冷鲜肉销售条件的固定场所销售，并存放在冷鲜肉销售专柜中销售，不准销售病害猪肉、注水肉和无章无证的私屠滥宰生猪产品，冷鲜肉在运输和销售过程中，其温度必须始终控制在国家规定范围内。违反以上规定，按《食品安全法》的相关规定予以处罚。

五、加强联合整治，建立监管长效机制

商务、工商、卫生、质监、畜牧、药监等执法部门，要通力合作，联合执法，各司其职，建立健全监管长效机制，强化冷鲜肉产品的质量监管。要提高认识、坚定信心、积极转变工作职能，强化管理，加强服务，确保冷鲜肉肉品质量安全。

商务主管部门和其他有关部门的行政执法人员滥用职权、玩忽职守、徇私舞弊、索贿受贿的，由其所在单位或者监察机关给予行政处分；构成犯罪的，由司法机关依法追究刑事责任。

榆林市人民政府办公室
2012 年 9 月 12 日